Der Betriebsrat und die Jugend- und Auszubildendenvertretung (JAV)

Einleitung

Die Interessen der jungen Beschäftigten unterscheiden sich teilweise stark von denen ihrer älteren Kollegen. Um diesen Unterschieden gerecht zu werden, aber auch um die Gemeinsamkeiten und das Verständnis füreinander zu fördern, besteht für die Gruppe der Jugendlichen und Auszubildenden im Betrieb eine spezielle Interessenvertretung. Die Jugend- und Auszubildendenvertretung (JAV) vertritt neben dem Betriebsrat speziell die Anliegen dieser Beschäftigtengruppe. Die Wahrnehmung der Aufgaben der JAV hängt stark von einer guten und engagierten Zusammenarbeit mit dem Betriebsrat ab.

Dieses Werk soll dazu dienen, die eng verzahnte Zusammenarbeit zwischen der JAV und dem Betriebsrat darzustellen sowie Licht ins Dunkel der Rechte und Pflichten der JAV zu bringen.

Zur besseren Lesbarkeit werden im Folgenden die betreffenden Personen im Maskulinum genannt. Hiervon sollen jedoch alle jeweils betroffenen Menschen angesprochen sein.

Die Autoren

Axel Angerer
Rechtsanwalt/Fachanwalt für Arbeitsrecht in Nürnberg (www.manske-partner.de)
Vertretung und Beratung von Arbeitnehmern, Betriebsräten und Gewerkschaften im kollektiven und individuellen Arbeitsrecht, regelmäßige Referententätigkeit bei Seminaren für Betriebsräte im Arbeits- und Betriebsverfassungsrecht sowie Veröffentlichung von arbeitsrechtlichen Themen.

Sabrina Eckert
Rechtsanwältin/Fachanwältin für Arbeitsrecht in Nürnberg (www.manske-partner.de)
Vertretung und Beratung von Arbeitnehmern, Betriebsräten und Gewerkschaften im kollektiven und individuellen Arbeitsrecht, regelmäßige Referententätigkeit bei Seminaren für Betriebsräte im Arbeits- und Betriebsverfassungsrecht sowie Veröffentlichung von arbeitsrechtlichen Themen.

Tobias Hassler
Rechtsanwalt/Fachanwalt für Arbeitsrecht und Wirtschaftsmediator in Nürnberg (www.manske-partner.de)
Vertretung und Beratung von Arbeitnehmern, Mitarbeitervertretungen und Gewerkschaften im kollektiven und individuellen Arbeitsrecht, regelmäßige Referententätigkeit bei Seminaren für Betriebsräte im Arbeits- und Betriebsverfassungsrecht sowie Veröffentlichung von arbeitsrechtlichen Themen.

Inhaltsübersicht

Der Inhalt der 1. Auflage entspricht dem Inhalt der Online-Edition 40/2025

betriebsrat-plus.beck.de
vahlen.de

ISBN 978 3 8006 7805 1

Wilhelmstraße 9, 80801 München
info@vahlen.de
Druck und Bindung: Himmer GmbH
Steinerne Furt 95, 86167 Augsburg

Redaktion: Sandra Eden, Ass. jur., Verlag Franz Vahlen GmbH, München

Satz: Druckerei C.H.Beck, Nördlingen
Umschlag: Martina Busch, Grafikdesign, Homburg Saar

myclimate shape our future

vahlen.de/nachhaltig
produktsicherheit.vahlen.de

Gedruckt auf säurefreiem, alterungsbeständigem Papier
(hergestellt aus chlorfrei gebleichtem Zellstoff)

I. Grundbegriffe

Für Jugendliche und Auszubildende ist die JAV die erste Anlaufstelle für sämtliche Fragen rund um die Ausbildung und die Arbeit. In diesem Kapitel werden zunächst grundlegende Begriffe erläutert.

1. Wer oder was ist die JAV?

JAV steht für Jugend- und Auszubildendenvertretung. Die JAV ist eine gesetzlich vorgesehene Interessenvertretung für jugendliche Arbeitnehmer unter 18 Jahren und für zur Berufsausbildung Beschäftigte (Auszubildende, Praktikanten, duale Studenten).

2. Was versteht man unter jugendlichen Arbeitnehmern?

Jugendliche Arbeitnehmer sind die Arbeitnehmer, die das 18. Lebensjahr noch nicht vollendet haben, vgl. § 60 BetrVG.

3. Welcher Personenkreis ist mit „zur Berufsausbildung Beschäftigten" gemeint?

Damit sind nicht nur die klassischen Auszubildenden gemeint, sondern alle, die einen Vertrag mit dem Arbeitgeber geschlossen haben, der eine Berufsausbildung zum Gegenstand hat. Erfasst sind alle Verträge für Anlernlinge, Praktikanten, Volontäre, Umschüler und Teilnehmer an berufsvorbereitenden betriebsinternen Ausbildungsmaßnahmen (Fitting BetrVG § 5 Rn. 290 ff.).

Praxistipp

Schüler, die vor ihrem Schulabschluss ein Betriebspraktikum ableisten, zählen nicht zu den zur Berufsausbildung Beschäftigten.

Da das Gesetz in §§ 60, 61 BetrVG keine weiteren Regelungen enthält, sind entsprechend auch keine weiteren materiellen Voraussetzungen an die Wahlberechtigung bzw. Wählbarkeit zu beachten. Somit spielt der Arbeitsumfang keine Rolle, sodass für jugendliche Teilzeitkräfte oder geringfügig Beschäftigte (sog. „**Minijobber**") keine Unterschiede gegeben sind. Auszubildende in Teilzeit sind jedenfalls auch mit Zustimmung des Ausbildungsbetriebes denkbar.

4. Was ist mit Dual Studierende gemeint?

Dual Studierende absolvieren einen Teil ihrer Ausbildung an einer Hochschule und den anderen Teil in einem Betrieb. Sie zählen – je nach dem Schwerpunkt der Ausbildung – auch zu den zur Berufsausbildung Beschäftigten.

Nähere Einzelheiten hierzu bei → *Frage 12: Dürfen auch Praktikanten und Dual-Studierende wählen?*

5. Welche „Interessen" vertritt die JAV?

Die JAV ist für alle Fragen zuständig, die die Ausbildungs- und Beschäftigungsbedingungen im Betrieb betreffen. Sie kann immer dann tätig werden, wenn es Probleme am Arbeitsplatz gibt oder wenn Gesetze und Vorschriften, die die Jugendlichen und Auszubildenden betreffen, nicht eingehalten werden (→ *II. Einleitung* und → *III. Einleitung*).

6. Was ist das BBiG?

Das Berufsbildungsgesetz, kurz BBiG, regelt die Rahmenbedingungen für die betriebliche Berufsausbildung und alles, was damit zusammenhängt. Es enthält insbesondere allgemeine Regelungen zur

Berufsausbildung, beruflichen Fortbildung und Umschulung. Zudem finden sich im BBiG Vorschriften, was in einem Ausbildungsvertrag festgelegt werden muss (Beginn und Dauer der Berufsausbildung, Dauer der Probezeit, Vergütung, Urlaub etc.).

7. Was ist die Jugend- und Auszubildendenversammlung und welchen Sinn hat sie?

Die JA-Versammlung (§ 71 BetrVG) ist das Forum der JAV. Sie ist neben der Betriebsversammlung, die der Betriebsrat durchführt, eine eigenständige Einrichtung für die von der JAV vertretenen Gruppen. Hier wird die Arbeit der JAV vorgestellt, über Neuerungen informiert und über Probleme der Auszubildenden und jungen Beschäftigten diskutiert. Außerdem werden dem anwesenden Arbeitgebervertreter Forderungen und Vorschläge zur Verbesserung der Ausbildungssituation vorgelegt. Einzelheiten dazu bei → *VIII. Einleitung*.

II. Die Wahl – Gründung einer JAV

Am Anfang steht natürlich zuerst die Wahl. Sie bestimmt, wer das Ehrenamt der Interessensvertretung übertragen bekommen soll. Für die Wahl gelten durch die Verweisung in § 63 BetrVG weit überwiegend die Regelungen für die Betriebsratswahl aus dem BetrVG (§§ 7 ff. BetrVG) sowie die Wahlordnung zum BetrVG (WO).

8. Wann ist eine JAV zu wählen?

Das BetrVG sieht zunächst vor, dass die JAV immer in Jahren mit geraden Jahreszahlen zu wählen ist, also jedes zweite Jahr. Aufgrund einer Ausbildungsdauer zwischen zwei und dreieinhalb Jahren weicht man hier von der regelmäßigen vierjährigen Amtszeit eines Betriebsratsgremiums ab und verkürzt die Amtszeit auf zwei Jahre, da nur so sichergestellt werden kann, dass die JAV-Mitglieder ihre Amtszeit regelmäßig auch erfüllen können.

Neben dem Wahlturnus schreibt das Gesetz zudem noch einen konkreten Zeitrahmen vor, in denen die Wahlen stattzufinden haben. So gibt § 64 Abs. 1 BetrVG vor, dass die Wahlen jeweils im Zeitraum zwischen dem **1. Oktober und dem 30. November** stattfinden.

9. Kann man von dem gesetzlich vorgegebenen Turnus auch abweichen?

Ja. Neben dem regulären Wahlzeitraum kann eine JAV in den in § 13 Abs. 2 Nr. 2–6 BetrVG genannten Fällen auch außerplanmäßig gewählt werden.

Da man bei einer Neugründung oder einer außerplanmäßigen Neuwahl nicht zum Warten auf ein „gerades“ Jahr verpflichtet werden kann, kann es unter Umständen auch dazu kommen, dass sich die Amtszeit der JAV um ein Jahr auf bis zu drei Jahre verlängert. Für den Fall, dass die JAV außerhalb des gesetzlichen Wahlrhythmus gewählt wurde und beim nächsten ordnungsgemäßen Wahltermin noch kein ganzes Jahr im Amt ist, verlängert sich die Amtszeit der JAV um ein weiteres Jahr auf insgesamt drei Jahre. Liegt die außerplanmäßige Wahl dagegen schon länger als ein Jahr zurück, ist die Amtszeit verkürzt und die JAV wird im nächsten gesetzlichen Wahlzeitraum neu gewählt.

10. Wer ist zuständig, wenn noch keine JAV gewählt war?

Wenn es noch keine JAV im Betrieb gibt, so gilt es im ersten Schritt, eine solche zu wählen. Die Wahl wird durch den Wahlvorstand vorbereitet, geleitet und durchgeführt. Wie bei einer Betriebsratswahl wird der Wahlvorstand für die JAV-Wahl durch den Betriebsrat selbst bestellt. Geschieht dies nicht, kann auch das örtlich zuständige Arbeitsgericht den Wahlvorstand bestellen, wenn entweder mindestens drei wahlberechtigte Jugendliche oder Auszubildende oder eine im Betrieb vertretende Gewerkschaft dies beantragen.

11. Wer ist bei der Wahl wahlberechtigt?

Die wichtigste Frage für die Wahl ist zunächst die Frage nach der Wahlberechtigung, also die Frage: Wer darf denn überhaupt wählen? Nach § 61 Abs. 1 BetrVG ist derjenige Personenkreis wahlberechtigt, für den die Errichtung einer JAV angestrebt wird. Insofern verweist der Gesetzgeber hinsichtlich der Wahlberechtigung auf die im § 60 Abs. 1 BetrVG genannten Personen.

Wahlberechtigt sind demnach alle Arbeitnehmer, die das 18. Lebensjahr noch nicht vollendet haben, also 17 Jahre und jünger sind, sowie die Arbeitnehmer, die zu ihrer Berufsausbildung beschäftigt sind (ohne Altersbeschränkung).

Zwingende Voraussetzung für das Wahlrecht ist zudem die **Eintragung in die Wählerliste** gem. § 38 WO und § 2 Abs. 3 WO.

Durch das Betriebsrätemodernisierungsgesetz hat diese Norm im Jahr 2021 zwei Anpassungen erhalten: Zum einen dürfen Arbeitnehmer zwischen 16 und 18 Jahren nunmehr sowohl bei der Betriebsratswahl als auch bei der JAV-Wahl mitwählen. Zuvor war hier noch eine strikte Trennung gegeben, wonach man als Arbeitnehmer oder zur Berufsausbildung Beschäftigter unter 18 Jahren nur bei der JAV wählen durfte und über 18 Jahren bei der Betriebsratswahl wählen konnte.

Zum anderen wurde angepasst, dass alle zu ihrer Berufsausbildung Beschäftigten wahlberechtigt sind, **unabhängig von ihrem Alter.** Dieser Personenkreis war zuvor noch beschränkt auf diejenigen, die das 25. Lebensjahr noch nicht vollendet haben, also 24 und jünger sind.

12. Dürfen auch Praktikanten und Dual-Studierende wählen?

Ob Praktikanten und Dual-Studierende auch zu den *„zu ihrer Berufsausbildung Beschäftigten"* gehören, bemisst sich nach den Umständen des Einzelfalls. Nach Rechtsprechung des Bundesarbeitsgerichtes (BAG 13.6.2007 – 7 ABR 44/06) soll zumindest ein privatrechtlicher Vertrag (Praktikumsvertrag/Arbeitsvertrag oder Ähnliches hierfür erforderlich sein. Dies ist jedoch **keine zwingende Voraussetzung**.

Ausschlaggebend ist vielmehr der Umstand, dass die Praktikanten bzw. (Dual-)Studierenden zur **Arbeitsleistung** verpflichtet sind, sie also wie Arbeitnehmer in den Leitungs- und Organisationsapparat des Arbeitgebers eingegliedert sind.

Dies ist regelmäßig bei Schülerpraktikanten nicht der Fall. Diese sind weder dem Direktionsrecht des Arbeitgebers unterworfen, noch erbringen sie eine Form der Arbeitsleistung, sondern sind nur zum „Zuschauen" da, um Einblick in die Tätigkeit zu erhalten.

Praxistipp

Sind Schüler als Ferienarbeiter tätig, unterliegen sie dem Direktionsrecht und erbringen eine Arbeitsleistung. Sie sind somit auch wahlberechtigt.

Bei einem Dualen Studium ist der jeweilige Status des Studierenden zu unterscheiden: Folgt dies dem „typischen" Ablauf, beginnend mit einer betrieblichen Ausbildung und anschließendem Studium, so ist der Beschäftigte während der Ausbildungsphase im Betrieb unproblematisch den zu ihrer Berufsausbildung Beschäftigten zuzuordnen. Da beim Studienabschnitt jedoch eher der Studierendenstatus überwiegt – selbst bei zwischengelagerten betrieblichen Praxisphasen – gehören sie während dieser Zeit nicht zu den in § 60 Abs. 1 BetrVG genannten Arbeitnehmern (vgl. GK-BetrVG/Oetker § 60 Rn. 29).

13. Wer ist bei der Wahl wählbar?

Nachdem geklärt wurde, wer überhaupt wählen darf, gilt nun zu klären, wer gewählt werden kann, also wer als **Wahlkandidat** überhaupt in Frage kommt. Wählbar sind nach § 61 Abs. 2 BetrVG alle Arbeitnehmer im Betrieb, die das 25. Lebensjahr noch nicht vollendet haben – also 24 oder jünger sind – sowie die zu ihrer Berufsausbildung Beschäftigten (ohne Altersbeschränkung). Im Gegensatz zur Wahlberechtigung besteht **kein notwendiges Mindestalter für die Wählbarkeit**.

Praxistipp

Somit können auch zB 45-jährige Personen, die eine Berufsausbildung absolvieren, Teil der JAV sein.

14. Wer ist bei der Wahl nicht wählbar?

Nicht wählbar sind jedoch Beschäftigte, die bereits als ordentliches Mitglied in den Betriebsrat gewählt wurden, dies regelt § 61 Abs. 2 S. 2 BetrVG. Durch das Verbot der „Doppelvertretung" soll verhindert werden, dass einer Person bei Beschlüssen des Betriebsrats in Fällen, die überwiegend Auszubildende und jugendliche Arbeitnehmer betreffen, ein doppeltes Stimmrecht zukommt. Dieses Verbot gilt nicht für die Ersatzmitglieder des Betriebsrats, solange diese nicht nachgerückt sind. Sobald sie nachrücken – wenn auch nur zeitweise – endet ihre Mitgliedschaft in der JAV nach Rechtsprechung des Bundesarbeitsgerichts endgültig (BAG 21.8.1979 – 6 AZR 789/77).

Hinsichtlich der zu ihrer Berufsausbildung Beschäftigten gilt dasselbe wie bei der Wahlberechtigung: Durch das Betriebsrätemodernisierungsgesetz unterliegen auch diese keiner Altersgrenze (vormals 25 Jahre) mehr, sodass es auch bei der Wählbarkeit nicht auf das Alter der zu ihrer Berufsausbildung Beschäftigten ankommt.

Praxistipp

Wahlberechtigung und Wählbarkeit: *Für „normale" Arbeitnehmer bedeuten die vorherigen Punkte zusammengefasst, dass man bis zum 18. Lebensjahr wählen und bis zum 25. Lebensjahr gewählt werden kann.*

15. Was ist der erste Schritt der Wahl?

Der Ablauf der JAV-Wahl wurde vom Gesetzgeber in §§ 63, 64 BetrVG geregelt. Er beginnt mit der Bestellung eines Wahlvorstandes.

Zunächst sieht § 63 Abs. 2 S. 1 BetrVG vor, dass der Betriebsrat spätestens acht Wochen vor Ablauf der Amtszeit der amtierenden JAV einen Wahlvorstand sowie einen Vorsitzenden zu bestellen hat. Hierin liegt auch eine der wichtigsten Aufgaben des Betriebsrats im Zusammenhang mit der Wahl der JAV: Er bestellt den Wahlvorstand der JAV.

16. Welche Aufgaben hat der Wahlvorstand?

Der Wahlvorstand ist zunächst das wichtigste Organ der Wahl:

- Er bereitet die Wahl vor,
- führt diese durch und
- stellt das endgültige Wahlergebnis fest.

Da das Gesetz bei der JAV-Wahl im großen Umfang auf die Regelungen der Betriebsratswahl verweist (§ 63 Abs. 2 S. 2 BetrVG), wird der Wahlvorstand ebenfalls vom Betriebsrat eingesetzt und nicht etwa durch das ausscheidende JAV-Gremium.

Bleibt der Betriebsrat untätig, so kann der Wahlvorstand auch durch Beschluss des Arbeitsgerichtes bestellt werden. Hierbei sind mindestens drei Auszubildende oder eine Gewerkschaft antragsberechtigt.

17. Welche Rolle kommt dem Betriebsrat bei der Wahl zu?

Der Ablauf der JAV-Wahl beginnt mit der Bestellung eines Wahlvorstandes (→ *Frage 15: Was ist der erste Schritt der Wahl?*).

Bestellt wird der Wahlvorstand durch den Betriebsrat. Da jedoch auch die Bestellung des Wahlvorstandes eine Angelegenheit ist, die primär die Jugendlichen und Auszubildenden im Betrieb betrifft, hat die bestehende JAV gem. § 67 Abs. 2 BetrVG ein **Stimmrecht** bei der Bestimmung des Wahlvorstandes. Ferner kann die JAV gem. § 67 Abs. 3 BetrVG vorberatend tätig werden und ihre Vorschläge für den Wahlvorstand dem Betriebsrat übermitteln.

Zudem ist der Betriebsrat verpflichtet, ein Wahlvorstandsmitglied als Vorsitzenden zu bestellen.

18. Wie setzt sich der Wahlvorstand zusammen?

Der Wahlvorstand für die JAV-Wahl muss nicht zwingend aus Personen des in § 60 genannten Personenkreises bestehen. Im Wahlvorstand können alle Arbeitnehmer des Betriebes sein, also auch Mitglieder des Betriebsrats.

19. Wie viele Mitglieder muss die JAV haben?

Der Wahlvorstand muss prüfen, wie viele Ämter zu besetzen sind. Wie auch beim Betriebsrat, gibt das Gesetz streng vor, wie viele Mitglieder die JAV haben darf. Auch hier wird auf die Betriebsgröße abgestellt, gemäß der Devise: Je mehr Wahlberechtigte ein Unternehmen beschäftigt, desto mehr Repräsentanten braucht man.

§ 62 BetrVG gibt die Stärke der JAV folgendermaßen vor:

- 5 bis 20 Wahlberechtigte: 1 JAV-Mitglied
- 20 bis 50 Wahlberechtigte: 3 JAV-Mitglieder
- 51 bis 150 Wahlberechtigte: 5 JAV-Mitglieder
- 151 bis 300 Wahlberechtigte: 7 JAV-Mitglieder
- 301 bis 500 Wahlberechtigte: 9 JAV-Mitglieder
- 501 bis 700 Wahlberechtigte: 11 JAV-Mitglieder
- 701 bis 1000 Wahlberechtigte: 13 JAV-Mitglieder
- mehr als 1000 Wahlberechtigte: 15 JAV-Mitglieder

20. Sind auch mehr oder weniger Mitglieder möglich?

Nein, überschritten werden kann die Mitgliederzahl grundsätzlich nicht, da das Gesetz insofern Maximalzahlen vorgibt.

Für den Fall, dass dem Wahlvorstand nicht ausreichend Wahlkandidaten zur Verfügung stehen, darf man jedoch nach unten von der vorgegebenen Mitgliederzahl abweichen. Somit kann eine Wahl auch durchgeführt werden, wenn die oben genannte Zahl an Wahlkandidaten nicht erreicht wurde.

Da das Gesetz jedoch stets eine ungerade Mitgliederzahl nennt, muss bei der Unterschreitung der Mitgliederzahl sichergestellt werden, dass das JAV-Gremium auch in diesen Fällen aus einer ungeraden Anzahl an Mitgliedern besteht. Nur so kann verhindert werden, dass es bei Abstimmungen nicht zur Stimmgleichheit kommt.

Praxistipp

Sollte bei Feststellung des Wahlergebnisses die vorgegebene Mitgliederzahl unterschritten werden, weil nicht genug Beschäftigte kandidiert haben, ist dies erst einmal unschädlich. Was passiert, wenn sich während der laufenden Amtszeit die Mitgliederzahl reduziert, wird in → Frage 26: Kann die Amtszeit auch verkürzt werden? besprochen.

21. Der Wahlvorstand ist nun konstituiert. Was ist im Rahmen der Wahlvorbereitung zu tun?

Erstellung einer Geschäftsordnung: Nachdem der Wahlvorstand eingerichtet wurde, kann er entscheiden, ob er sich selbst eine Geschäftsordnung geben will. Hier können einige Abläufe bereits im Vorfeld verbindlich festgelegt werden, wie etwa die Frage, welche Form und Frist für Einladungen zu den Sitzungen eingehalten werden muss und ob eine digitale bzw. hybride Wahlvorstandssitzung möglich sein soll.

Praxistipp

Eine Geschäftsordnung ist im Vorfeld sehr ratsam, eine Verpflichtung dafür gibt es jedoch nicht.

Gibt der Wahlvorstand sich eine Geschäftsordnung, so muss er dazu einen Beschluss fassen. Die Geschäftsordnung muss außerdem die gesetzliche Schriftform einhalten (§ 1 WO iVm § 126 BGB). Dies bedeutet, dass die Geschäftsordnung textlich getippt sein kann, aber **handschriftlich** unterschrieben sein muss. Hier reicht die Unterschrift des Vorsitzenden des Wahlvorstandes.

Erstellung des Wählerverzeichnisses: Die erste offizielle Handlung des Wahlvorstandes ist die Erstellung eines Wählerverzeichnisses, in denen er alle Beschäftigten auflistet, die wahlberechtigt sind. Da dem Wahlvorstand insbesondere bei größeren Unternehmen oft gar nicht bekannt ist, wer alles wahlberechtigt ist, wendet er sich hierfür zunächst an den Arbeitgeber. Dieser ist gesetzlich verpflichtet, dem Wahlvorstand ordnungsgemäß alle notwendigen Informationen und Unterlagen zur Verfügung zu stellen, damit dieser sein Wahlverzeichnis erstellen kann.

Fertigung des Wahlausschreibens: Steht das Wählerverzeichnis, erstellt der Wahlvorstand nun das Wahlausschreiben. Mit diesem informiert der Wahlvorstand im Allgemeinen über die bevorstehende JAV-Wahl und teilt insbesondere auch mit, wann und wo die Wahl stattfinden wird. Zudem gibt § 3 WO dem Wahlausschreiben einen verpflichteten Inhalt. Diese „**Muss-Inhalte**" ergeben sich aus dem Gesetz und werden deshalb an dieser Stelle nicht wiederholt.

→ *Muster 1: Checkliste Wahlausschreiben*

Mit Aushang des Wahlausschreibens beginnt auch die Frist von zwei Wochen, in denen Wahlvorschläge einzureichen sind. Nur wer fristgemäß als Kandidat für die Wahl vorgeschlagen wurde, kann letztendlich auch gewählt werden. Ausgehängt werden soll das Wahlausschreiben an einem geeigneten Ort, hierfür bietet sich in erster Linie das schwarze Brett im Betrieb an.

Die weitere Durchführung der Wahl ist Sache des Wahlvorstandes. Da sich diese Broschüre an den Betriebsrat und die JAV wendet und das Wahlverfahren im Detail in der Literatur zur Betriebsratswahl und den gängigen Wahlleitfäden für Betriebsräte besprochen wird, wird hier auf weitere Ausführungen verzichtet und auf die einschlägige Literatur verwiesen.

III. Aufbau und Arbeitsweise der JAV

Nach erfolgreicher Durchführung der JAV-Wahl gilt es zunächst für das neugewählte Gremium, sich zu konstituieren. Dies bedeutet in erster Linie sich selbst eine Geschäftsordnung zu geben und einen Vorsitzenden zu wählen. Das Vorgehen wird im folgenden Kapitel erläutert.

22. Wie wird der JAV-Vorsitzende gewählt?

Zunächst beruft der Vorsitzende des Wahlvorstandes die konstituierende Sitzung der JAV ein. Findet diese statt und ist das JAV-Gremium beschlussfähig – das ist sie, wenn mindestens die Hälfte der gewählten JAV-Mitglieder anwesend ist – wird zunächst der JAV-Vorsitzende gewählt. Da weder das BetrVG noch das BPersVG Regelungen über die Wahl des Vorsitzenden vorsehen, ist es zwingend notwendig, sich bereits im Vorfeld auf einen Wahlablauf zu verständigen. Der Wahlvorstand leitet die konstituierende Sitzung der JAV, bis diese aus ihrer Mitte einen Wahlleiter bestimmt hat, vgl. § 65 Abs. 2 BetrVG iVm § 29 Abs. 1 BetrVG. Nachdem dieser bestimmt wurde, leitet er die Wahl des Vorsitzenden und dessen Stellvertreters.

Praxistipp

Der Vorsitzende und der Stellvertreter werden in getrennten Wahlgängen mit einfacher Mehrheit gewählt.

23. Welche Stellung und Aufgaben hat der Vorsitzende?

Hat das Gremium nun sowohl Vorsitzenden und Stellvertreter gefunden, geht es insbesondere für Ersteren an das Alltagsgeschäft. Der Vorsitzende übernimmt nämlich ab seiner Wahl die Führung der Geschäfte der JAV.

Im Hinblick auf die Geschäftsführung verweist § 65 Abs. 1 BetrVG auf den zweiten Teil des Gesetzes und damit auf die Regelungen für den Betriebsrat und insbesondere auf dessen Vorsitzenden. Die Aufgaben des Vorsitzenden der JAV richten sich somit ebenfalls nach den Regelungen für den Vorsitzenden des Betriebsrats, also § 26 BetrVG: Der Vorsitzende vertritt die JAV im Rahmen der gesetzlichen Zuständigkeiten und der gefassten Beschlüsse. Diese Vertretungsmacht besteht aber nur im Verhältnis zum Betriebsrat und gilt nicht gegenüber dem Arbeitgeber (Fitting BetrVG § 65 Rn. 6).

Daneben ist er auch zur **Entgegennahme** von Erklärungen des Arbeitgebers bzw. des Betriebsrats berechtigt, sofern diese Erklärungen an die JAV gerichtet sind – er ist also primärer Ansprechpartner für den Arbeitgeber und den Betriebsrat.

Schlussendlich ist es auch die Aufgabe des Vorsitzenden, die Sitzungen der JAV einzuberufen sowie diese zu leiten und anschließend den Betriebsrat hiervon zu unterrichten.

Der Stellvertreter vertritt den Vorsitzenden immer dann, wenn dieser an der anstehenden Aufgabe gehindert ist.

24. Wie tagt und entscheidet die JAV?

Sitzungen sind auch bei der JAV das wichtigste Werkzeug des Gremiums. Hier ist es dem Gremium möglich, Anliegen der Jugendlichen und Auszubildenden zu besprechen, zu diskutieren und insbesondere eine gemeinsame Meinung bzw. einen gemeinsamen Willen zu bilden, Beschlüsse zu fassen und die Anliegen anschließend dem Betriebsrat mitzuteilen.

Das Recht zum Abhalten einer Sitzung findet sich in § 65 Abs. 2 S. 1 Hs. 1 BetrVG. Hierfür braucht es eine Verständigung mit dem Betriebsrat, jedoch **nicht sein Einverständnis.** Die Verständigung mit dem Betriebsrat ist keine Wirksamkeitsvoraussetzung, sondern lediglich eine Ordnungsvorschrift.

Im Hinblick auf die Sitzungen verweist das BetrVG fast ausschließlich auf die Regeln, die auch für den Betriebsrat gelten:

So wird auch hier die Sitzung durch Einladung des JAV-Vorsitzenden einberufen. Hierbei teilt er den restlichen Mitgliedern und dem Betriebsrat Ort und Zeitpunkt mit und schlägt eine Tagesordnung für die Sitzung vor.

Wie auch Betriebsratssitzungen sind JAV-Sitzungen nicht-öffentlich, sodass grundsätzlich nur JAV-Mitglieder und der Betriebsratsvorsitzende teilnehmen dürfen. Der Betriebsrat kann aber auch ein bestimmtes Mitglied mit der Teilnahme beauftragen.

Durch den Verweis auf die Regelungen des § 30 BetrVG gilt für die Sitzungen der JAV zudem noch, dass diese grundsätzlich während der Arbeitszeit stattfinden, jedoch auch betriebliche Notwendigkeiten des Arbeitgebers berücksichtigt werden sollen. Hat man dann einen entsprechenden Termin gefunden, ist der Arbeitgeber zudem über den Zeitpunkt der Sitzung zu verständigen (§ 30 Abs. 1 S. 3 BetrVG).

25. Wann endet die reguläre Amtszeit der JAV?

Die regelmäßige Amtszeit der JAV beträgt zwei Jahre und beginnt mit der Bekanntgabe des Wahlergebnisses oder, wenn zu diesem Zeitpunkt noch keine JAV besteht, mit Ablauf der Amtszeit des Vorgängers. Die Amtszeit endet spätestens am 30.11. des Jahres, in dem die regelmäßigen Wahlen für die JAV stattfinden.

Die regelmäßigen Wahlen der JAV finden alle zwei Jahre in der Zeit vom 01.10. bis 30.11 statt.

26. Kann die Amtszeit auch verkürzt werden?

Ja. Die Amtszeit endet vorzeitig, wenn

- die Gesamtzahl der Mitglieder der JAV nach Eintreten sämtlicher Ersatzmitglieder dauerhaft unter die gesetzlich vorgeschriebene Zahl der JAV-Vertreter gesunken ist (siehe dazu auch → *Frage 20: Sind auch mehr oder weniger Mitglieder möglich?*) oder
- die JAV mit der Mehrheit ihrer Stimmen den Rücktritt beschlossen hat oder
- die Wahl erfolgreich angefochten worden ist oder
- die JAV durch eine gerichtliche Entscheidung aufgelöst ist.

Praxistipp

Für die Errichtung einer JAV ist es Voraussetzung, dass in dem Betrieb ein Betriebsrat gebildet ist. Ein nur kurzfristiger Wegfall des Betriebsrats (etwa bei einer erfolgreichen Wahlanfechtung oder bei einer verzögerten Neuwahl des Betriebsrats) führt aber nicht zum Wegfall einer bestehenden JAV (Fitting BetrVG § 60 Rn. 22 f.).

27. Endet die Mitgliedschaft in der JAV mit Vollendung des 25. Lebensjahres?

Nein. Um die Kontinuität der JAV zu gewährleisten, bleibt ein Mitglied der JAV, das im Laufe der Amtszeit das 25. Lebensjahr vollendet oder sein Berufsausbildungsverhältnis beendet, bis zum Ende der Amtszeit Mitglied der JAV.

Praxistipp

Dies gilt aber nur, wenn der JAV-Vertreter bei Beginn der Amtszeit noch nicht 25 Jahre alt ist oder sich noch in einem Berufsausbildungsverhältnis befunden hat. Ein Ersatzmitglied, das also nach der Wahl, aber vor Amtsbeginn das 25. Lebensjahr vollendet hat, kann nicht mehr nachrücken (Fitting BetrVG § 64 Rn. 14).

IV. Rechte und Pflichten der JAV-Mitglieder

Damit die JAV die ihr gesetzlich vorgegebenen Aufgaben erfolgreich erfüllen kann, benötigt sie die erforderlichen Mittel. Das können Sachmittel, aber auch das notwendige Fachwissen sein.

28. Welche Sachmittel stehen der JAV zu?

Der JAV sind im Rahmen ihrer erforderlichen Tätigkeit dieselben Sachmittel zu überlassen wie dem Betriebsrat selbst. Die Verweisungen des § 65 BetrVG – insbesondere auf § 40 BetrVG – regeln, dass der Arbeitgeber auch die der JAV entstehenden Kosten zu tragen hat. Hierunter fallen nach § 40 Abs. 2 BetrVG erforderliche Räume, Sachmittel, technische Ausstattungen und ggf. Büropersonal.

29. Hat die JAV einen Anspruch auf ein eigenes Büro?

Ja, auch die JAV kann einen Anspruch auf ein Büro haben, sofern im Betrieb des Arbeitgebers hierfür Kapazitäten vorhanden sind, dh falls er ein Büro überhaupt zur Verfügung stellen kann.

Die JAV erbringt ihre gesetzlich verankerten Aufgaben grundsätzlich unabhängig vom Betriebsrat. Das ist ihr jedoch nur dann uneingeschränkt möglich, wenn sie hierfür nicht vom „unbesetzten" Betriebsratsbüro abhängig ist. Nach dem Gesetz sind JAV-Sitzungen dann abzuhalten, wenn diese **erforderlich** sind. Die Sitzungen müssen also auch unabhängig vom Zeitplan des Betriebsrats abgehalten werden können. Auch die Vertraulichkeit von Gesprächen zwischen JAV und der vertretenen Belegschaft kann nur gewahrt werden, wenn bei etwaigen Gesprächen keine weitere Person (bspw. ein Betriebsratsmitglied) zugegen ist (vgl. hierzu insbesondere LAG Schleswig-Holstein 31.5.2017 – 1 TaBV 48/16).

Für den Fall, dass es im Betrieb keine Kapazitäten für ein JAV-Büro gibt, muss vom Arbeitgeber zumindest gewährleistet werden, dass die JAV die Möglichkeit hat, ihre Unterlagen sicher vor externer Einsichtnahme aufzubewahren, etwa in einem verschließbaren Schrank.

30. Hat die JAV einen Anspruch auf Arbeitsmittel wie etwa Smartphone/Notebook/Schreibkraft?

Ja, auch die weiteren Sachmittel, wie beispielsweise ein für die tägliche Arbeit erforderliches Smartphone, Notebook und eine Schreibkraft sind der JAV zur Verfügung zu stellen, wobei – genauso wie beim Betriebsrat – selbst immer das Augenmerk auf die Prüfung der **Erforderlichkeit** gelegt werden muss. Wie beim Betriebsrat muss auch die JAV stets die Wirtschaftlichkeit wahren, dies folgt insbesondere auch aus dem Grundsatz der vertrauensvollen Zusammenarbeit nach § 2 Abs. 1 BetrVG. Das bedeutet, dass der Arbeitgeber die erforderlichen Arbeitsmittel zur Verfügung stellen muss. Die JAV hat aber wohl keinen Anspruch auf ein ganz bestimmtes Smartphone bzw. ein ganz bestimmtes Notebook, sofern die überlassenen Arbeitsmittel eine reibungslose tägliche Arbeit gewährleisten.

31. Muss die JAV ihre Arbeitsmittel mit dem Betriebsrat teilen, wenn diese bereits vorhanden sind?

Nein, grundsätzlich müssen die Arbeitsmittel nicht mit dem Betriebsrat geteilt werden, wenn die doppelte Ausstattung erforderlich für die JAV-Tätigkeit ist. Dennoch muss auch die JAV hier die wirtschaftlichen Interessen des Arbeitgebers berücksichtigen, sodass auch stets ein besonderes Augenmerk auf die Erforderlichkeit gelegt werden muss. Insofern wird eine doppelte Ausstattung eben nur für die erforderlichen Arbeitsmittel gelten. Hierzu zählt im allgemeinen wohl Laptop und Smartphone. Eine umfangreiche zweite Bibliothek an Fachbüchern wird hingegen wohl nur schwer als erforderlich anzusehen sein.

32. Was passiert in Streitfällen?

Sollte der Arbeitgeber der JAV – trotz Verweis auf die Regelungen für den Betriebsrat – die beantragten Sachmittel verweigern, ist es nach der Rechtsprechung im Streitfall **Sache des Betriebsrats,** die Sachmittelansprüche gegenüber dem Arbeitgeber durchzusetzen (BAG 30.3.1994 – 7 ABR 45/93). Die JAV selbst hat keinen eigenen durchsetzbaren Anspruch gegen den Arbeitgeber, sondern muss ihre Rechte durch den Betriebsrat durchsetzen lassen.

33. Haben JAV-Mitglieder einen Schulungsanspruch?

Genau wie Betriebsratsmitglieder haben auch Mitglieder der JAV einen Anspruch auf Teilnahme an Schulungs- und Bildungsveranstaltungen. Voraussetzung ist – wie bei den Schulungen des Betriebsrats – dass diese erforderlich sind (§ 37 Abs. 6 BetrVG iVm § 65 Abs. 1 BetrVG). Bei den sog. Grundlagenschulungen kann stets vom Vorliegen der Erforderlichkeit ausgegangen werden. Bei sog. Spezialseminaren ist zu prüfen, ob das JAV-Mitglied auch wirklich das in der Schulungsveranstaltung vermittelte Wissen zur Erfüllung der anstehenden Aufgaben benötigt und zudem bislang noch nicht über entsprechende Kenntnisse verfügt.

34. Wer entscheidet über die Erforderlichkeit einer JAV-Schulung?

Zunächst fasst die JAV einen entsprechenden Beschluss über die Schulungsteilnahme, welcher wiederum an den Betriebsrat weitergeleitet wird. Der Betriebsrat setzt den Punkt auf seine Tagesordnung und stimmt in der Betriebsratssitzung darüber ab. Bei dem Betriebsratsbeschluss darf die JAV nach § 67 Abs. 2 BetrVG mitbestimmen. Hält der Betriebsrat die JAV-Schulung für erforderlich, fasst er einen entsprechenden Beschluss und teilt dies dem Arbeitgeber mit.

35. Was ist zu tun, wenn der Arbeitgeber die JAV-Schulung nicht für erforderlich hält?

In diesem Fall ist wieder der Betriebsrat gefragt. Dieser muss das Thema erneut auf seine Tagesordnung setzen und ggfs. einen Beschluss fassen, dass die Schulungsteilnahme im Rahmen eines Beschlussverfahrens vor dem Arbeitsgericht durchgesetzt wird.

36. Haben JAV-Mitglieder einen Anspruch auf Arbeitsbefreiung, um JAV-Arbeit erledigen zu können?

Ja. Nach § 65 Abs. 1 BetrVG iVm § 37 Abs. 2 BetrVG wird JAV-Arbeit während der Arbeitszeit durchgeführt. Demnach sind JAV-Mitglieder für erforderliche JAV-Tätigkeiten von ihrer Arbeitspflicht freizustellen.

37. Welche Tätigkeiten sind als erforderliche JAV-Arbeit zu verstehen?

Es muss sich um die Durchführung einer erforderlichen Aufgabe als JAV-Vertreter handeln wie zum Beispiel:

- Abhalten von Sitzungen der JAV
- Teilnahme an einer JAV-Schulung
- Teilnahme an der Sitzung des Betriebsrats
- Besprechungen mit dem Betriebsrat und/oder dem Arbeitgeber
- Durchführung einer JAV-Versammlung

V. Schutz des JAV-Gremiums und des einzelnen JAV-Mitglieds

Damit die Mitglieder der JAV in ihrem Betrieb auch wirklich etwas bewegen können, hat der Gesetzgeber einige Schutzrechte im Betriebsverfassungsgesetz verankert, aber auch Pflichten an das JAV-Amt geknüpft.

38. Gibt es für JAV-Mitglieder einen besonderen Kündigungsschutz?

Ja. Der besondere Kündigungsschutz soll verhindern, dass der Arbeitgeber seine Gegenspieler „aus dem Weg räumt“, in dem er ihnen kündigt. Damit die JAV-Mitglieder ihre Arbeit ordnungsgemäß durchführen können und sich bedenkenlos für die Interessen der jugendlichen Arbeitnehmer und Auszubildenden einsetzen können, genießen sie einen besonderen Kündigungsschutz nach § 15 KSchG. Dieser gilt für ordentliche und außerordentliche Kündigungen.

39. Kann der Arbeitgeber einem JAV-Mitglied ordentlich kündigen?

Nein. Mitglieder der JAV dürfen während ihrer Amtszeit nicht ordentlich gekündigt werden.

40. Gilt der besondere Kündigungsschutz für JAV-Mitglieder auch nach Ablauf der Amtszeit?

Ja, und zwar gemäß § 15 Abs. 1 KSchG für ein weiteres Jahr.

41. Kann einem JAV-Mitglied außerordentlich (fristlos) gekündigt werden?

Eine außerordentliche Kündigung eines JAV-Mitglieds ist grundsätzlich zulässig, sofern ein wichtiger Grund vorliegt. Aber auch hiergegen besteht ein gewisser Schutz: Der Arbeitgeber muss vor Ausspruch der fristlosen Kündigung die Zustimmung des Betriebsrats einholen oder sich diese gerichtlich ersetzen lassen. Dieses Zustimmungserfordernis gilt jedoch nur während der aktiven Amtszeit. Nach der Amtszeit besteht dieser Schutz vor außerordentlichen Kündigungen nicht mehr.

Praxistipp

Der besondere Kündigungsschutz gilt auch für Ersatzmitglieder, sofern diese in der Amtszeit der JAV ordentlich nachrücken, sowie während der Tätigkeit als Mitglied der JAV. Der Schutz vor außerordentlichen Kündigungen endet direkt mit dem Ende des Nachrückens.

42. Haben JAV-Mitglieder nach dem Ende der Berufsausbildung einen Anspruch auf Weiterbeschäftigung beim Arbeitgeber?

Nach § 78a BetrVG kann ein Auszubildender, der Mitglied der JAV ist, **drei Monate vor Beendigung des Berufsausbildungsverhältnisses schriftlich** vom Arbeitgeber seine Weiterbeschäftigung verlangen. Wurde die Weiterbeschäftigung verlangt, ist die gesetzliche Rechtsfolge, dass ein Arbeitsverhältnis auf unbestimmte Zeit begründet wurde.

Praxistipp

Form und Frist des Antrags sind unbedingt zu beachten. Einer Begründung bedarf das Weiterbeschäftigungsverlangen nicht.

→ Muster 2: Verlangen der Übernahme nach Abschluss der Ausbildung gemäß § 78a BetrVG

43. Kann der Arbeitgeber die Weiterbeschäftigung des JAV-Mitglieds verhindern?

Der Arbeitgeber hat die Möglichkeit, sich durch Einleitung eines Beschlussverfahrens gegen das Zustandekommen des Arbeitsverhältnisses zu wehren oder das schon begründete Arbeitsverhältnis auflösen zu lassen. Die Weiterbeschäftigung muss für den Arbeitgeber unzumutbar sein, beispielsweise wegen eines fehlenden freien Arbeitsplatzes oder einer groben Pflichtverletzung des JAV-Mitglieds im Rahmen des Ausbildungsverhältnisses.

44. Wie wirkt sich JAV-Arbeit auf die Ausbildungsvergütung aus?

Das JAV-Amt ist – wie das Betriebsratsamt – ein Ehrenamt, das unentgeltlich ausgeübt wird. Nach dem sog. Lohnausfallprinzip wirkt sich die JAV-Arbeit nicht auf die Ausbildungsvergütung aus. Die Bezahlung als JAV-Mitglied orientiert sich für die JAV-Arbeit danach, was das JAV-Mitglied verdient hätte, wenn es seiner normalen Tätigkeit nachgegangen wäre.

45. Darf der Arbeitgeber JAV-Mitglieder persönlich benachteiligen?

Nein. Mitglieder der JAV dürfen wegen ihrer Tätigkeit weder benachteiligt noch begünstigt werden. Wie bei Mitgliedern des Betriebsrats ist sowohl die Benachteiligung als auch die Bevorzugung eines JAV-Mitglieds sogar strafbar.

46. Unterliegen JAV-Mitglieder der Geheimhaltungspflicht?

Ja. Nach § 79 Abs. 1 S. 1, Abs. 2 BetrVG unterliegen auch Mitglieder der JAV der Geheimhaltungspflicht und dürfen somit Betriebs- und Geschäftsgeheimnisse sowie vertrauliche Informationen der Arbeitnehmer nicht an Externe weitergeben.

VI. Rechte und Zuständigkeit der JAV

Die JAV wird im Rahmen der ihr durch das Betriebsverfassungsgesetz vorgegebenen Aufgaben tätig. Dieses Kapitel soll einen Überblick über die Rechte und Pflichten der JAV verschaffen.

47. Für welche Personengruppen ist die JAV zuständig?

Die JAV vertritt gegenüber dem Betriebsrat (§ 60 BetrVG) die Interessen der Arbeitnehmer, die das 18. Lebensjahr noch nicht vollendet haben (jugendliche Arbeitnehmer) oder die zu ihrer Berufsausbildung beschäftigt sind. Für letztere spielt das Alter keine Rolle. Sofern eine Berufsausbildung absolviert und die Person beschäftigt wird, ist die JAV zuständig (vgl. Fitting BetrVG § 60 Rn. 16).

Die JAV ist keine selbstständige Interessenvertretung gegenüber dem Arbeitgeber. Sie vertritt die Interessen der in § 60 BetrVG genannten Arbeitnehmer gegenüber dem Betriebsrat. Daher richten sich auch die Rechte und Aufgaben der JAV an den Betriebsrat (vgl. Fitting BetrVG § 60 Rn. 5, 6).

48. Welche Aufgaben hat die JAV?

Die allgemeinen Aufgaben der JAV sind in § 70 BetrVG geregelt. Die Ziffern 1 bis 4 des § 70 Abs. 1 BetrVG lassen sich in Informations-, Antrags- und Überwachungsrechte der JAV untergliedern. Aus § 70 Abs. 1 Ziff. 1–4 BetrVG wird ersichtlich, dass die Aufgaben der JAV Kontroll- und Beratungsfunktionen sind. Veto- oder Gestaltungsrechte gegenüber dem Betriebsrat sieht das Gesetz nur in besonderen Ausnahmefällen vor.

49. Für welche Themenbereiche ist die JAV zuständig?

Die Themenbereiche, für die die JAV zuständig ist, ergeben sich aus den in § 70 BetrVG dargestellten Aufgaben. Sie ist insbesondere für Fragen der Berufsbildung, der Einhaltung der für diesen Personenkreis geltenden Regelungen und die Übernahme aus dem Ausbildungsverhältnis zuständig. Zudem muss die JAV berechtigte Anfragen aus dem von ihr vertretenen Arbeitnehmerkreis behandeln (Fitting BetrVG § 70 Rn. 15).

Die Aufgaben der JAV sind allgemein beschrieben, so dass sich ein weites Spektrum an Themen unter den Ziffern des § 70 Abs. 1 Nr. 1 bis 4 BetrVG zusammenfassen lässt. Aus den in § 70 BetrVG beschriebenen Aufgaben ergibt sich insgesamt, dass sich die JAV um alle Belange kümmern muss, die speziell die Interessen der von ihr vertretenen jugendlichen Arbeitnehmer und Auszubildenden betreffen (Fitting BetrVG § 70 Rn. 1).

50. Was sind Informationsrechte?

Zu allen ihren Aufgaben, die sich aus dem Betriebsverfassungsgesetz und insbesondere aus § 70 Abs. 1 BetrVG ergeben, hat die JAV das Recht, vom Betriebsrat rechtzeitig und umfassend informiert zu werden. Dies regelt § 70 Abs. 2 BetrVG. Der Betriebsrat ist verpflichtet, die JAV zu unterrichten, wenn Belange der Beschäftigten nach § 60 BetrVG betroffen sind. Rechte dieser Arbeitnehmergruppe sind insbesondere dann betroffen, wenn der Arbeitgeber von sich aus den Betriebsrat zu diesen Themen informiert oder gegenüber dem Betriebsrat Anträge stellt.

Praxistipp

Der Betriebsratsvorsitzende sollte bei jedem Thema, das zumindest auch die von der JAV vertretenen Arbeitnehmer betrifft, den Vorsitzenden der JAV über die Sachlage umfassend und rechtzeitig informieren. Nur so kann die JAV selbst beraten und entscheiden, ob ihre Zuständigkeit betroffen und ein Handeln erforderlich ist.

51. Reicht es, wenn die JAV mündlich informiert wird?

Das BetrVG schreibt dem Betriebsrat nicht vor, in welcher Form er die JAV informieren muss. Wenn die JAV es verlangt, muss der Betriebsrat ihr auch die zur Durchführung ihrer Aufgabe erforderlichen Unterlagen zur Verfügung stellen (Fitting BetrVG § 70 Rn. 23).

Praxistipp

Eine Unterrichtung in Textform, zB per E-Mail, ist sinnvoll und auch zur Vorbeugung von Missverständnissen praktikabel. Zudem fördert dies das Vertrauen sowohl zwischen Betriebsrat und JAV als auch zwischen den handelnden Vorsitzenden. Im Übrigen ist die vollständige und korrekte Information der JAV so am besten nachweisbar.

Beispiel

Der Arbeitgeber möchte einen 17-jährigen Arbeitnehmer ordentlich kündigen. Der Betriebsrat wird gem. § 102 BetrVG vor der Kündigung angehört. Der Arbeitgeber übergibt hierzu eine schriftliche Anhörung und weitere Unterlagen an den Betriebsrat. Der Betriebsrat hat die JAV dann unverzüglich nach § 70 Abs. 2 BetrVG zu unterrichten. Auf Verlangen sind der JAV die Anhörung nebst Unterlagen zur Verfügung zu stellen.

52. Was bedeutet rechtzeitig und umfassend?

Der Betriebsrat muss die JAV so rechtzeitig unterrichten, dass sie die übergebenen Informationen bei ihren Beratungen berücksichtigen und ihre Aufgaben ordnungsgemäß wahrnehmen kann. Der Betriebsrat muss diese Pflicht eigenständig erfüllen. Die JAV muss hierfür keinen Antrag stellen oder regelmäßig relevante Informationen beim Betriebsrat erfragen. Es ist Sache des Betriebsrats, die JAV eigenständig zu informieren (Fitting BetrVG § 70 Rn. 20).

Beispiel

Im obigen Beispiel (→ Frage 51: Reicht es, wenn die JAV mündlich informiert wird?) muss die Unterrichtung der JAV über die Anhörung der Kündigung des Arbeitnehmers unverzüglich nach Eingang beim Betriebsrat erfolgen, da der Betriebsrat selbst nur eine Woche Zeit für die Bearbeitung der Anhörung hat. Bevor sich der Betriebsrat abschließend mit der Anhörung befasst, muss die JAV über den Sachverhalt beraten und von ihren Rechten Gebrauch machen können. Dies muss geschehen, bevor die Wochenfrist des § 102 BetrVG verstrichen ist, bzw. der Betriebsrat eine abschließende Stellungnahme gem. § 102 BetrVG abgibt, damit der Betriebsrat die Stellungnahme der JAV noch bei seinen Beratungen berücksichtigen kann.

Eine Unterrichtung der JAV ist nur dann umfassend, wenn der Betriebsrat alle rechtlich und tatsächlich relevanten Tatsachen mitgeteilt hat. Der Betriebsrat hat daher nicht nur alle Aspekte des tatsächlichen Sachverhalts zu erläutern, sondern er muss auch Auskunft über die relevanten Rechtsvorschriften geben, die für den konkreten Sachverhalt und die in § 60 Abs. 1 BetrVG genannten Arbeitnehmer relevant sind, zB Normen des BBiG oder des JArbSchG.

53. Darf die JAV Arbeitnehmer selbst befragen, um sich Informationen zu beschaffen?

Die JAV hat das Recht, mit den von ihr vertretenen Arbeitnehmern zur Informationsgewinnung selbst Gespräche zu führen und Befragungen durchzuführen. Dies bedarf jedoch der Zustimmung des Betriebsrats, so dass vor einer eigenständigen Befragung ein Antrag beim Betriebsrat zu stellen ist (Richardi BetrVG/Annuß § 70 Rn. 33). Auf diesem Weg kann die JAV selbst Informationen von den von ihr vertretenen Arbeitnehmern einholen.

54. Was sind Antragsrechte?

Die in § 70 Abs. 1 Nr. 1, 1a und 4 BetrVG dargestellten Antragsrechte der JAV gelten gegenüber dem Betriebsrat. Die formellen Antragsrechte der JAV beziehen sich immer auf die von ihr vertretenen Arbeitnehmer. Die JAV kann zu allen Themen, die zu dieser Gruppe einen Bezug haben, insbesondere hinsichtlich der Fragen der Berufsbildung und der Übernahme in ein Arbeitsverhältnis nach der Berufsausbildung (§ 70 Nr. 1 BetrVG), Anträge stellen.

Sie ist außerdem antragsberechtigt für Themen der tatsächlichen Gleichstellung der Geschlechter (§ 70 Abs. 1 Nr. 1a BetrVG) und der Förderung der Integration ausländischer Arbeitnehmer (§ 70 Abs. 1 Nr. 4 BetrVG) innerhalb der Gruppe, für die sie zuständig ist. Der Betriebsrat hat diese Themen auf Antrag der JAV auf die Tagesordnung der nächsten Sitzung zu setzen. Zudem wird der Betriebsrat verpflichtet, Themen nach § 70 Abs. 1 BetrVG der JAV zur Beratung zuzuleiten (§ 70 Abs. 2 BetrVG).

55. Wie muss ein Antrag gestellt werden?

Durch das Antragsrecht kann die JAV gegenüber dem Betriebsrat und innerhalb ihrer Zuständigkeiten selbst aktiv werden. Sie hat dadurch die Möglichkeit, auf diejenigen Entscheidungen des Betriebsrats Einfluss zu nehmen, die Themen der von ihr vertretenen Arbeitnehmer betreffen. Das gilt vor allem für Fragen der Berufsbildung. Die JAV muss hierfür in einer Sitzung einen Beschluss fassen (→ *Muster 3: Antrag auf Ergänzung der Tagesordnung für die Betriebsratssitzung gemäß § 67 Abs. 3 S. 1 BetrVG*). Der Betriebsrat ist dann nach § 80 Abs. 1 Nr. 3 BetrVG verpflichtet, den Antrag der JAV entgegenzunehmen und sich mit ihm zu befassen. Der Betriebsrat ist, sofern der Antrag den Aufgabenbereich von JAV und Betriebsrat betrifft, verpflichtet, den Antrag der JAV aufzugreifen und durch Verhandlungen mit dem Arbeitgeber auf eine Erledigung hinzuwirken.

56. Was sind Überwachungsrechte?

Entsprechend der Rechte des Betriebsrats gem. § 80 BetrVG hat die JAV die Einhaltung aller Rechtsnormen zu überwachen, die zugunsten der jugendlichen und auszubildenden Arbeitnehmer bestehen (§ 70 Abs. 1 Nr. 2 BetrVG). Dies sind vor allem die Durchführung des Jugendarbeitsschutzgesetzes (JArbSchG) und des Berufsbildungsgesetzes (BBiG) sowie der staatlichen Arbeitsschutzvorschriften und der Unfallverhütungsvorschriften, sofern sie sich auch auf jugendliche und auszubildende Arbeitnehmer beziehen. Dazu gehören auch die Einhaltung der Vorschriften in Tarifverträgen und Betriebsvereinbarungen, die sich auf jugendliche und auszubildende Arbeitnehmer beziehen, zB hinsichtlich Vergütung, Arbeitszeiten, Urlaub und Bildung.

57. Wie kann die JAV die Überwachungsrechte wahrnehmen?

Die JAV ist berechtigt, zur Wahrnehmung ihrer Überwachungsaufgabe die Arbeitsplätze der von ihr vertretenen Arbeitnehmer aufzusuchen. Hierbei kommt es nicht darauf an, ob bereits ein Verdacht besteht, der Arbeitgeber habe eine Vorschrift für diese Arbeitnehmer nicht beachtet. Auch ohne einen Verdacht ist die JAV berechtigt, die Arbeitsplätze aufzusuchen. Die JAV muss einen derartigen Verdacht daher auch nicht gegenüber dem Arbeitgeber aufzeigen oder beweisen.

Allerdings braucht die JAV die Zustimmung des Betriebsrats (→ *Frage 53: Darf die JAV Arbeitnehmer selbst befragen, um sich Informationen zu beschaffen?*) für die Begehung der Arbeitsplätze (Fitting BetrVG § 70 Rn. 14). Jedoch muss auch gegenüber dem Betriebsrat kein Verdacht dargestellt werden. Der Betriebsrat muss daher nochmals eigenständig, ggf. unter Beteiligung der JAV, gem. § 67 Abs. 2 BetrVG entscheiden, ob die JAV zur Durchführung der Überwachungsaufgabe die Arbeitsplätze aufsuchen kann. Da es kein allgemeines Zutrittsrecht zu den Arbeitsplätzen der Arbeitnehmer gibt, auch nicht für den Betriebsrat, darf die Zustimmung durch den Betriebsrat nur erteilt werden, soweit eine Überwachungsaufgabe durch die JAV wahrgenommen wird (Richardi BetrVG/Annuß § 70 Rn. 13).

Praxistipp

Um hier Diskussionen und ggf. Streitigkeiten mit dem Arbeitgeber zu vermeiden, sollte die Notwendigkeit einer Arbeitsplatzbegehung und das damit zusammenhängende Überwachungsrecht (kurz) begründet werden. Sofern der Betriebsrat den Wunsch der JAV nach einer Arbeitsplatzbegehung nachvollziehen kann, sollte er diesen auch unterstützen und gegen den Arbeitgeber notfalls durchsetzen.

58. Wie kann die JAV die Einhaltung der in § 70 Abs. 1 Nr. 2 BetrVG genannten Vorschriften durchsetzen?

Nimmt die JAV an, dass der Arbeitgeber bei einem konkreten Anlass die geltenden Rechte für die jugendlichen bzw. auszubildenden Arbeitnehmer nicht einhält, so ist es ihre Aufgabe, die jugendlichen oder auszubildenden Arbeitnehmer entsprechend zu beraten. Die JAV kann sich hier ausnahmsweise auch direkt an den Arbeitgeber wenden und versuchen, das Problem zu lösen (Richardi BetrVG/Annuß § 70 Rn. 13). Für die JAV ist jedoch vorrangig der Betriebsrat der Ansprechpartner, der sich um die Anliegen der JAV gegenüber dem Arbeitgeber zu kümmern hat (Fitting BetrVG § 70 Rn. 14). Dieser ist für sie zuständig und hat gem. § 80 Abs. 1 Nr. 1 BetrVG die gleiche Überwachungsaufgabe. Außerdem hat der Betriebsrat gem. § 80 Abs. 1 Nr. 3 BetrVG die Pflicht, beim Arbeitgeber auf Abhilfe hinzuwirken.

59. Was muss die JAV tun, wenn die von ihr vertretenen Arbeitnehmer ein Anliegen oder eine Beschwerde haben?

Die JAV ist verpflichtet, Anregungen, Vorschläge und Beschwerden, insbesondere in Fragen der Berufsbildung, entgegenzunehmen. Sie hat sich in einer Sitzung damit zu befassen. Ist eine Beschwerde aus Sicht der JAV berechtigt, muss sie beim Betriebsrat auf eine Erledigung hinwirken, § 70 Abs. 1 Nr. 3 BetrVG.

Bei Beschwerden hat der betroffene Arbeitnehmer somit neben dem individuellen Beschwerderecht nach § 84 BetrVG und dem in § 85 BetrVG geregelten Beschwerdeverfahren die Möglichkeit, die JAV zu beteiligen. Die JAV kann dann, parallel zu diesen Rechten, für den betroffenen Arbeitnehmer die Abhilfe der Beschwerde beim Betriebsrat anstreben.

In derartigen Fällen handelt es sich nahezu immer um Angelegenheiten, die **besonders** die von der JAV vertretenen Arbeitnehmer betreffen. Somit kann die JAV beim Betriebsrat beantragen, die Angelegenheit auf die Tagesordnung der nächsten Betriebsratssitzung zu setzen (§ 67 Abs. 3 S. 1 BetrVG). Es besteht in diesem Fall ein Teilnahmerecht für alle JAV-Vertreter (§ 67 Abs. 1 S. 2 BetrVG), außerdem hat der Betriebsrat die JAV bei den Besprechungen mit dem Arbeitgeber beizuziehen (§ 68 BetrVG). Einzelheiten hierzu bei → *Frage 65: Wann sind die von der JAV vertretenen Arbeitnehmer besonders betroffen?.*

Über den Stand und das Ergebnis der Abhilfe bzw. der Verhandlungen muss die JAV den betroffenen Arbeitnehmer informieren (§ 70 Abs. 1 Nr. 3 S. 2 BetrVG). Dies gilt auch für den Fall, dass die JAV die Anregung verworfen hat (Fitting BetrVG § 70 Rn. 19). Ziehen sich die Verhandlungen bzw. die Abhilfe zu lange hin, sollte die JAV den betroffenen Arbeitnehmer auf dem Laufenden halten und durch eine Zwischeninformation mitteilen, zu welchem Ergebnis ihre Bemühungen (bisher) geführt haben (Richardi BetrVG/Annuß § 70 Rn. 16).

VII. Mitbestimmung und Zusammenarbeit zwischen JAV und Betriebsrat

Eine enge Zusammenarbeit zwischen Betriebsrat und JAV ist unverzichtbar. Im folgenden Kapitel geht es um diese Zusammenarbeit und die Frage, wie sich die JAV in die betriebliche Mitbestimmung einbringen kann und muss.

60. Wie muss der Betriebsrat die JAV bei der Wahrnehmung ihrer Aufgaben unterstützen?

Der Betriebsrat ist verpflichtet, die JAV rechtzeitig und umfassend zu informieren, § 70 Abs. 2 BetrVG (→ *Frage 50: Was sind Informationsrechte?*). Die Unterrichtung der JAV bedarf keines Antrags der JAV. Der Betriebsrat ist gesetzlich verpflichtet, die JAV aus eigenem Antrieb heraus rechtzeitig und umfassend über die Themen zu unterrichten, die die Aufgaben der JAV betreffen. Die JAV muss so rechtzeitig unterrichtet werden, dass sie die übergebenen Informationen in ihre Beschlussfassung einfließen lassen und ihre Überwachungs- und Antragsrechte wahrnehmen kann.

Praxistipp

Der Betriebsrat sollte die Unterrichtungspflicht gegenüber der JAV sehr gewissenhaft ausführen. Da die Aufgaben der JAV nach § 70 BetrVG sehr offen formuliert sind und die JAV damit bei allen Themen mit Bezug zu dem von ihr vertretenen Personenkreis zumindest zu unterrichten ist, kann der Betriebsrat die JAV umfangreich in die betrieblichen Themen und Abläufe einbinden. Betriebsrat und JAV sind Arbeitnehmervertreter. Beide Gremien setzen sich für die Rechte der Arbeitnehmer im Betrieb ein. Engagierte JAV-Mitglieder sind potentielle zukünftige engagierte Betriebsratsmitglieder. Es ist daher sinnvoll, wenn die JAV im Rahmen ihrer Rechte und Pflichten über die betrieblichen Angelegenheiten umfassend im Bilde ist.

61. Wie nimmt die JAV ihre Aufgaben und Beteiligungsrechte wahr?

Nachdem der Betriebsrat die JAV bei allen Themen, die die von ihr vertretenen Arbeitnehmer betreffen, rechtzeitig und umfassend informiert (§ 70 Abs. 2 S. 1 BetrVG) und (soweit vorhanden) alle notwendigen Unterlagen der JAV vorgelegt hat (§ 70 Abs. 2 S. 2 BetrVG), hat sich die JAV dann im Rahmen einer ordentlichen Sitzung mit den Themen zu befassen und Beschlüsse zu fassen.

62. Darf die JAV auch handeln, wenn der Betriebsrat über Themen nicht oder nicht rechtzeitig unterrichtet?

Die JAV kann und muss auch selbst aktiv werden, wenn sie entweder durch eigene Erkenntnisse, zB bei Befragungen von Arbeitnehmern oder durch Anregungen der Arbeitnehmer, Aufgaben im Rahmen ihrer Zuständigkeit erkennt. Auch wenn der Betriebsrat Informationen nicht aktiv an die JAV weitergibt, sondern die JAV auf anderen Wegen Informationen erhält, kann sie sich mit den aufgeworfenen Themen befassen.

63. Wie werden Meinungen und Beschlüsse der JAV im Betrieb eingebracht?

Die JAV ist eine zusätzliche betriebsverfassungsrechtliche Interessenvertretung für die in § 60 BetrVG genannten Arbeitnehmer. Sie ist jedoch nicht die eigenständige, einzige und umfassende Vertretung dieser Personengruppe. Sie ersetzt daher nicht die Zuständigkeit des Betriebsrats für diese Gruppe. Sie ist die Stimme dieser Arbeitnehmer gegenüber dem Betriebsrat und indirekt auch gegenüber dem Arbeitgeber.

Der Betriebsrat entscheidet daher auch in deren Angelegenheiten. Der Ansprechpartner der JAV ist der Betriebsrat. Die JAV kann in einer JAV-Sitzung beschließen, beim Betriebsrat Themen für die nächste Betriebsratssitzung einzubringen. Der Betriebsrat muss diese Themen auf die Tagesordnung nehmen und diese in der Betriebsratssitzung behandeln, wenn sie besonders die von der JAV vertretenen Arbeitnehmer betreffen, § 67 Abs. 3 BetrVG.

64. Wann und wie darf die JAV an BR-Sitzungen teilnehmen?

Die JAV hat ein gestaffeltes Recht zur Teilnahme an Betriebsratssitzungen:

Zunächst besteht ein sog. allgemeines Teilnahmerecht. Dies ergibt sich aus § 67 Abs. 1 S. 1 BetrVG. Es räumt der JAV das Recht ein, zu allen Betriebsratssitzungen einen Vertreter zu entsenden (Fitting BetrVG § 67 Rn. 4).

Wenn bei einer Betriebsratssitzung Angelegenheiten auf der Tagesordnung stehen, die besonders die von der JAV vertretene Personengruppen betreffen (→ *Frage 65: Wann sind die von der JAV vertretenen Arbeitnehmer besonders betroffen?*), besteht für alle Mitglieder der JAV ein Teilnahmerecht an der Betriebsratssitzung zu diesen konkreten Tagesordnungspunkten ("besonderes Teilnahmerecht"; Fitting BetrVG § 67 Rn. 11 ff.). Bei allen weiteren Tagesordnungspunkten, die die von der JAV vertretene Personengruppen nicht besonders betreffen, besteht dann wiederum nur das allgemeine Teilnahmerecht eines Vertreters der JAV, so dass die weiteren JAV-Mitglieder die Betriebsratssitzung dann wieder verlassen müssen.

Das Teilnahmerecht der JAV nach § 67 Abs. 1 BetrVG, sowohl des einzelnen Vertreters als auch der gesamten JAV, ist ein reines Beratungsrecht. Die JAV ist berechtigt, sich durch Wortbeiträge an den Beratungen des Betriebsrats zu beteiligen.

65. Wann sind die von der JAV vertretenen Arbeitnehmer besonders betroffen?

Ein Vertreter der JAV kann zu allen BR-Sitzungen entsandt werden. Dieser kann bei allen Tagesordnungspunkten anwesend sein. Die Teilnahme aller Mitglieder der JAV ist demgegenüber nur bei speziellen Tagesordnungspunkten verpflichtend, soweit Angelegenheiten behandelt werden, die **besonders** die in § 60 Abs. 1 BetrVG genannten Arbeitnehmer betreffen. Nicht erforderlich ist, dass die Angelegenheit **ausschließlich** oder auch nur **überwiegend** jugendliche oder auszubildende Arbeitnehmer betrifft. Es muss nur eine speziell die jugendlichen Arbeitnehmer und/oder Auszubildenden betreffende Angelegenheit sein, dh die Qualität der Betroffenheit dieser Personengruppe muss höher sein als die Betroffenheit der anderen Arbeitnehmer. Hierbei kommt es nicht darauf an, ob zahlenmäßig mehr Personen der von der JAV vertretenen Gruppe betroffen sind als Arbeitnehmer außerhalb dieser Gruppe.

Voraussetzung ist vielmehr, dass der Tagesordnungspunkt gerade für jugendliche oder auszubildende Arbeitnehmer von besonderer Bedeutung ist. Ob dabei auch spezielle Maßnahmen und Gesetze für die vertretenen Arbeitnehmer thematisiert werden, zB die Durchführung des JArbSchG oder der Berufsausbildung, spielt für die Einstufung als „besonders betroffen" keine Rolle. "Besonders" kann eine Angelegenheit deshalb auch dann sein, wenn sie zwar rechtlich keine besonderen Regelungen für jugendliche Arbeitnehmer und/oder Auszubildende betrifft, tatsächlich aber auf die Bedürfnisse, Rechte und/oder Besonderheiten dieser Gruppe abzielt.

Beispiel

Errichtung eines Sportplatzes als Sozialeinrichtung oder die Festlegung des Urlaubsplans unter Berücksichtigung der Berufsschulferien (Richardi BetrVG/Annuß § 67 Rn. 13).

Umstritten ist, ob für die Annahme einer besonderen Betroffenheit ein kollektiver Bezug vorhanden sein muss. Dies würde bedeuten, dass eine besondere Betroffenheit und damit die Teilnahme der gesamten JAV bei personellen Einzelmaßnahmen (§ 99 BetrVG oder § 102 BetrVG) gegenüber einem jugendlichen Arbeitnehmer oder einem Auszubildenden zu verneinen wäre, da bei Einzelmaßnahmen nicht die Gesamtheit oder eine Gruppe der von der JAV vertretenen Personen betroffen wäre (so Oetker GK-BetrVG § 67 Rn. 25). Die wohl überwiegende Ansicht kommt jedoch zu dem Ergebnis, dass bei einer personellen Einzelmaßnahme gegenüber einem jugendlichen Arbeitnehmer oder einem Auszubildenden immer eine besondere Angelegenheit im Sinne des § 67 Abs. 1 S. 2 BetrVG vorliegt (Fitting BetrVG § 67 Rn. 14).

66. Ist der Betriebsratsbeschluss unwirksam, wenn gegen die Beratungsrechte nach § 67 Abs. 1 BetrVG verstoßen wurde?

Eine unterlassene Einladung des Vertreters der JAV (§ 67 Abs. 1 S. 1 BetrVG) oder bei besonderer Betroffenheit aller JAV-Mitglieder (§ 67 Abs. 1 S. 2 BetrVG) verhindert die Möglichkeit der JAV, an der Beratung des Betriebsrats teilzunehmen. Auch wenn der Betriebsratsvorsitzende pflichtwidrig handelt, indem er die Einladung zur Betriebsratssitzung unterlässt, sind die Beschlüsse des Betriebsrats in diesen Tagesordnungspunkten nicht unwirksam. Da der Betriebsrat die Entscheidung durch Abstimmung trifft und die JAV durch die Beratung keinen unmittelbaren Einfluss auf die Abstimmung hat, wird davon ausgegangen, dass der Beschluss wirksam ist, auch wenn in Angelegenheiten der besonderen Betroffenheit nicht die ganze JAV zu diesem Tagesordnungspunkt teilnimmt.

Demgegenüber sind Beschlüsse auch dann wirksam, wenn der Betriebsratsvorsitzende in fälschlicher Annahme, es bestünde eine besondere Betroffenheit, die gesamte JAV einlädt, obwohl diese besondere Betroffenheit nicht besteht.

Praxistipp

Mit Blick auf diese Konsequenzen sollten bezüglich der besonderen Betroffenheit nach § 67 Abs. 1 S. 2 BetrVG keine zu strengen Maßstäbe durch den Betriebsrat angesetzt und die Beratungsrechte der JAV großzügig ausgelegt werden. Die JAV sollte im Sinne einer umfassenden Arbeitnehmervertretung „lieber einmal zu viel als einmal zu wenig" beteiligt werden.

67. Hat die JAV bei Beschlüssen des Betriebsrats ein Stimmrecht?

Die JAV hat überwiegend Beratungsrechte in einer Betriebsratssitzung. Bei einer **besonderen** Betroffenheit darf das ganze JAV-Gremium teilnehmen.

Betreffen Entscheidungen des Betriebsrats **überwiegend** die von der JAV vertretenen Arbeitnehmer (→ *Frage 68: Was bedeutet überwiegende Betroffenheit?*), so sieht das Gesetz in § 67 Abs. 2 BetrVG für die JAV-Mitglieder zusätzlich ein Stimmrecht vor. In speziellen Angelegenheiten der Auszubildenden und jugendlichen Arbeitnehmer kann die JAV daher gleichberechtigt mitentscheiden.

68. Was bedeutet überwiegende Betroffenheit?

Es muss zwischen den Begriffen „überwiegend" und „besonders" unterschieden werden. Überwiegend wird in diesem Zusammenhang quantitativ verstanden. Ein Stimmrecht besteht daher nur dann, wenn der zu treffende Beschluss zahlenmäßig mehr jugendliche und auszubildende Arbeitnehmer betrifft als sonstige Arbeitnehmer des Betriebs.

Die Mitglieder der JAV haben deshalb zB ein Stimmrecht, wenn der Betriebsrat einen Beschluss über Modalitäten der mobilen Arbeit für jugendliche Arbeitnehmer oder Berufsauszubildende trifft oder wenn er sich auf eine Betriebsvereinbarung bezieht, die Regelungen über die Schaffung und Organisation einer Ausbildungswerkstatt beinhaltet.

Ebenso besteht ein Stimmrecht, wenn ein Mitglied der JAV zur Teilnahme an einer Schulungs- und Bildungsveranstaltung freigestellt werden soll, oder bei einer Einstellung bzw. Entlassung eines Ausbilders sowie bei der geplanten Kündigung eines JAV-Mitglieds.

69. Hat die JAV bei personellen Einzelmaßnahmen ein Stimmrecht?

Umstritten ist, ob neben einer zahlenmäßigen überwiegenden Betroffenheit auch ein sogenannter kollektiver Bezug vorliegen muss. Dies ist v. a. bei personellen Einzelmaßnahmen (Einstellung, Versetzung und Entlassung) jugendlicher oder auszubildender Arbeitnehmer relevant. Bei einer Einzelmaßnahme ist immer der einzelne Arbeitnehmer einer Gruppe betroffen, also sind jedenfalls zahlenmäßig mehr Arbeitnehmer betroffen als von der anderen Gruppe.

Ein kollektiver Bezug besteht wiederum nicht (immer). Denn in der Regel ist von der Einzelmaßnahme nicht das Kollektiv der Arbeitnehmer, sondern nur der Einzelne betroffen. Ausnahme ist der oben bereits erwähnte Ausbilder, denn dessen Kündigung hat Auswirkung auf alle Auszubildenden. Die wohl überwiegende Ansicht sieht einen kollektiven Bezug als notwendig an und verneint daher ein Stimmrecht der JAV bei personellen Einzelmaßnahmen (vgl. Fitting BetrVG § 67 Rn. 21). Eine andere Ansicht sieht das Stimmrecht der JAV bei personellen Einzelmaßnahmen gegenüber den von ihr vertretenen Arbeitnehmern als stets gegeben an (Richardi BetrVG/Annuß § 67 Rn. 20).

Praxistipp

Da das Stimmrecht bei personellen Einzelmaßnahmen in der juristischen Literatur umstritten ist und auch die Rechtsprechung diese Frage noch nicht geklärt hat, kann und muss sich der Betriebsrat für eine der beiden Ansichten entscheiden. Es spricht unserer Meinung nach viel dafür, bei diesen Themen die JAV per Stimmrecht zu beteiligen, falls die Einzelmaßnahme einen von ihr vertretenen Arbeitnehmer unmittelbar und ausschließlich betrifft. Der Betriebsrat sollte seine Entscheidung, die JAV an der Abstimmung teilnehmen oder nicht teilnehmen zu lassen, durch einen Beschluss fixieren und im Protokoll mit Begründung dokumentieren.

70. Wie und unter welchen Voraussetzungen wird das Stimmrecht der JAV ausgeübt?

Das Stimmrecht steht den Mitgliedern der JAV zu und nicht der JAV als Gremium. Daher muss sich die JAV nicht zuvor auf ein Abstimmungsverhalten festlegen. Alle Mitglieder der JAV haben eine gleichberechtigte Stimme, wie auch die Betriebsratsmitglieder. Somit kann das Stimmrecht nur bestehen, wenn **alle** Mitglieder der JAV das Recht haben, bei der Behandlung des Tagesordnungspunkts teilzunehmen, § 67 Abs. 2 BetrVG.

Mit Blick auf die bereits oben dargestellten Komponeten der überwiegenden und besonderen Betroffenheit müssen für das Stimmrecht der JAV daher beide Voraussetzungen erfüllt sein.

Die zu behandelnde Angelegenheit muss nicht nur **überwiegend** (→ *Frage 68: Was bedeutet überwiegende Betroffenheit?*) die von der JAV vertretenen Personen, sondern immer auch **besonders** (→ *Frage 65: Wann sind die von der JAV vertretenen Arbeitnehmer besonders betroffen?*) die vertretenen Arbeitnehmer betreffen. Wenn die von der JAV vertretenen Arbeitnehmer (zahlenmäßig) überwiegend betroffen sind, dann ist davon auszugehen, dass auch qualitativ eine Angelegenheit besteht, die die jugendlichen und auszubildenden Arbeitnehmer besonders betrifft.

Es ist keine Konstellation denkbar, in der eine **besondere** Betroffenheit verneint, eine **überwiegende** Betroffenheit aber bejaht werden kann, da dies zur gesetzlich nicht vorgesehenen Konsequenz führen würde, dass nur ein Vertreter der JAV (§ 67 Abs. 1 S. 1 BetrVG) teilnehmen dürfte, dieser dann aber ein Stimmrecht hätte.

Praxistipp

In Zweifelsfällen sollte genau geprüft und die Entscheidung begründet und im Protokoll dokumentiert werden. Das ist wichtig, da eine falsche Anwendung des § 67 Abs. 2 BetrVG für die Wirksamkeit des Betriebsratsbeschlusses durchaus Konsequenzen haben kann.

71. Wie übt die JAV Beteiligungsrechte aus, wenn Entscheidungen des Betriebsrats in Ausschüssen getroffen werden?

Gesetzlich ist der Fall der Beteiligung der JAV an Sitzungen der BR-Ausschüsse nicht geregelt. Weit überwiegend ist jedoch die Ansicht, dass die JAV an den Ausschusssitzungen teilnehmen muss, sofern bei einer Befassung des gesamten Betriebsratsgremiums eine Beteiligung der JAV ebenfalls vorgeschrieben wäre.

Fällt der Betriebsrat Entscheidungen, die jugendliche oder auszubildende Arbeitnehmer besonders betreffen, nicht im gesamten Gremium, sondern in Ausschüssen, so muss das zahlenmäßige Verhältnis im Ausschuss zwischen den JAV-Mitgliedern und den Betriebsratsmitgliedern dem Verhältnis der gesamten JAV zum gesamten Betriebsratsgremium entsprechen. Bei überwiegender Betroffenheit üben die JAV-Mitglieder in diesem Verhältnis das Stimmrecht aus.

Die JAV bestimmt eigenständig durch Beschluss die in den Ausschuss zu entsendenden Mitglieder.

72. Wie wirkt sich das Stimmrecht der JAV auf den Betriebsratsbeschluss aus?

Die Stimmen der Betriebsratsmitglieder und der JAV-Mitglieder entscheiden gleichberechtigt über das Ergebnis der Abstimmung. Der Beschluss ist dann gefasst, wenn die Mehrheit der Anwesenden dafür stimmt.

Problematisch sind die Fälle, in denen der Betriebsrat die JAV-Mitglieder entweder fälschlicherweise nicht an der Beschlussfassung beteiligt oder zu Unrecht beteiligt hat. Wurden die JAV-Mitglieder nicht beteiligt, obwohl sie ein Stimmrecht haben, so ist der Beschluss unwirksam. Nur dann, wenn sich für den Beschluss so viele Betriebsratsmitglieder ausgesprochen haben, dass auch bei den Gegenstimmen aller JAV-Mitglieder das Ergebnis der Beschlussfassung nicht geändert worden wäre, ist der Beschluss trotz der fehlerhaften Nichtbeteiligung der JAV-Mitglieder wirksam (Fitting BetrVG § 67 Rn. 25).

Wurden JAV-Mitglieder an einem Beschluss beteiligt, obwohl sie kein Stimmrecht haben, so ist dieser Beschluss unwirksam. Hier haben dann Personen mitgewirkt, die nicht hätten mitwirken dürfen. Eine Heilung ist in diesem Fall nicht möglich, selbst wenn unter Abzug der Stimmen der JAV-Mitglieder sich am Ergebnis nichts ändern würde (Richardi BetrVG/Annuß § 67 Rn. 25).

73. Welche Möglichkeiten hat die JAV, wenn der Betriebsrat einen Beschluss fasst, mit dem die JAV nicht einverstanden ist?

Die JAV hat im Notfall die Möglichkeit, einen solchen Beschluss des Betriebsrats für die Dauer von einer Woche, vom Zeitpunkt der Beschlussfassung an gerechnet, auszusetzen (§ 66 BetrVG). Voraussetzung ist allerdings, dass durch den Beschluss die Interessen der durch die JAV vertretenen Jugendlichen und Auszubildenden erheblich beeinträchtigt werden.

Praxistipp

Der Aussetzungsbeschluss ist ein Mittel, das nur mit Augenmerk und unter sorgfältiger Abwägung der Pro- und Contra-Argumente gewählt werden sollte. Die JAV sollte daher genau überlegen, ob die Verhältnismäßigkeit gewahrt wird.

→ *Muster 4: Aussetzungsbeschluss*

74. Was passiert, wenn die Wochenfrist verstrichen ist?

Nach Ablauf der Wochenfrist geht nichts mehr. Die Wochenfrist soll dazu dienen, eine Lösung des Konflikts herbeizuführen. Es steht ausdrücklich im Gesetz, dass dafür die im Betrieb vertretene Gewerkschaft zur Schlichtung hinzugezogen werden kann. Wird innerhalb dieser Woche das Problem nicht aus der Welt geschafft und bestätigt der Betriebsrat seinen Beschluss, ist für die JAV allerdings „Ende der Fahnenstange" – mehr kann sie rechtlich nicht unternehmen, um ihre Auffassung durchzusetzen.

75. Darf die JAV auch eigene Sprechstunden abhalten?

In großen Betrieben mit 50 oder mehr Jugendlichen oder Auszubildenden kann die JAV nach Rücksprache mit dem Betriebsrat auch eigene Sprechstunden abhalten. In der Praxis sieht das so aus, dass der Betriebsrat diese Frage mit dem Arbeitgeber bespricht und Ort und Zeit der Sprechstunden mit dem Arbeitgeber vereinbart.

Ist der Betrieb kleiner, bleibt der JAV der Weg, sich an den Sprechstunden des Betriebsrats zu beteiligen, wenn Jugendliche oder Auszubildende dort Rat suchen.

76. Muss der Betriebsrat die JAV zu den Monatsgesprächen einladen, die zwischen Betriebsrat und Arbeitgeber stattfinden?

Die JAV ist zu diesen Beratungen mit dem Arbeitgeber immer dann einzuladen, wenn Themen behandelt werden, die die Jugendlichen oder Auszubildenden des Betriebs betreffen (§ 68 BetrVG). Sinnvollerweise werden die Besprechungen zusätzlich noch gemeinsam von Betriebsrat und JAV vorbereitet.

VIII. Jugend- und Auszubildendenversammlung

Wie auch bei einer Betriebsversammlung, soll bei einer Jugend- und Auszubildendenversammlung (JA-Versammlung) den jugendlichen Arbeitnehmern und Auszubildenden die Möglichkeit gegeben werden, ihre Angelegenheiten in einer nicht-öffentlichen Versammlung untereinander zu besprechen.

77. Kann auch die JAV eine Versammlung einberufen?

Das Recht zur Durchführung einer Versammlung für Jugendliche und Auszubildende ist in § 71 BetrVG geregelt. Hiernach entscheidet die JAV nach eigenem Ermessen, ob sie die Einberufung einer JA-Versammlung für notwendig hält. Für die Durchführung braucht man einen entsprechenden Beschluss sowie das Einvernehmen des Betriebsrats. Letzteres ist zwingende Voraussetzung und bezieht sich neben der Durchführung auch auf die zeitliche Lage sowie auf die Inhalte der Tagesordnung (vgl. Fitting BetrVG § 71 Rn. 11).

78. Wie oft findet die JA-Versammlung statt?

Nach § 71 BetrVG kann eine JA-Versammlungen **vor** oder **nach** einer **Betriebsversammlung** einberufen werden. Entsprechend richtet sich die Anzahl der Versammlungen nach der Häufigkeit der Betriebsversammlungen, also regelmäßig einmal im Kalendervierteljahr und damit mindestens viermal im Jahr. Sie kann jedoch auch vor und nach zusätzlichen oder außerordentlichen Betriebsversammlungen stattfinden. Da für diese erhöhte Anforderungen bestehen, muss dieses Erfordernis auch für die außerordentlichen JA-Versammlungen angesetzt werden.

Im Einverständnis mit dem Arbeitgeber können aber auch Versammlungen außerhalb dieses Turnus abgehalten werden.

79. Wer muss eingeladen werden?

Einzuladen sind die Arbeitnehmer, die von der JAV repräsentiert werden, namentlich der Personenkreis nach § 60 Abs. 1 BetrVG, dh Arbeitnehmer, die das 18. Lebensjahr noch nicht vollendet haben und diejenigen, die zu ihrer Berufsausbildung beschäftigt sind.

Teilnehmen kann/darf daneben auch der Betriebsratsvorsitzende oder ein beauftragtes Betriebsratsmitglied sowie die im Betrieb vertretene Gewerkschaft. Hierbei wird die JAV nicht auf eine bestimmte Anzahl an Gewerkschaftsvertretern beschränkt (vgl. ArbG Weiden 23.2.2022 – AZ: 4 BVGa 3/22).

→ *Muster 5: Einladung des Betriebsrats durch die JAV*

Da § 71 S. 3 BetrVG auf die Regelung des § 43 Abs. 2 S. 1 BetrVG verweist, besteht auch für den Arbeitgeber ein Teilnahmerecht und sogar die Möglichkeit für ihn, einen Beauftragten des Arbeitgeberverbandes hinzuzuziehen, dem er angehört.

80. Welche Recht und Pflichten hat der Betriebsrat bei der JA-Versammlung?

Bei der JA-Versammlung kommen dem Betriebsrat zwei wichtige Rollen zu:

- Eine solche Versammlung kann nur mit seiner Zustimmung durchgeführt werden. Der Betriebsrat entscheidet nach pflichtgemäßem Ermessen über die Durchführung, die zeitliche Lage und die Tagesordnungspunkte. Da das Einverständnis des Betriebsrats all diese Punkte umfassen muss, muss die JAV bei nachträglichen Änderungen stets die erneute Zustimmung des Betriebsrats einholen.

- Ferner hat der Betriebsrat ein Teilnahmerecht bei der Versammlung. Ihm steht jedoch kein Stimmrecht bei etwaigen Abstimmungen zu, da dieses ausschließlich dem Personenkreis aus § 60 Abs. 1 BetrVG vorbehalten ist.

IX. Streitigkeiten

Auch bei der Arbeit der JAV bleiben gelegentlich Meinungsverschiedenheiten mit dem Arbeitgeber nicht aus, die innerbetrieblich nicht ohne weiteres gelöst werden können. Nachfolgend werden insbesondere die Möglichkeiten der gerichtlichen Klärung von Konflikten dargestellt.

81. Wie können die Rechte der JAV durchgesetzt werden?

Die Rechte der JAV bestehen gegenüber dem Betriebsrat. Der Betriebsrat bleibt ausführendes Organ gegenüber dem Arbeitgeber. Somit muss auch der Betriebsrat die Rechte der JAV gegenüber dem Arbeitgeber durchsetzen, sofern der Arbeitgeber seinen Pflichten nicht nachkommt. Das Gesetz sieht für die Durchsetzung der Rechte der JAV und des Betriebsrats u. a. das arbeitsgerichtliche Beschlussverfahren vor. Das Beschlussverfahren ist ein Gerichtsprozess vor dem zuständigen Arbeitsgericht, in welchem Streitigkeiten zwischen Betriebsrat und Arbeitgeber geklärt werden sollen.

Praxistipp

Die Unterstützung der JAV durch erfahrene Betriebsratsmitglieder ist sehr wichtig. Ggfs. können auch Gewerkschaftssekretäre die JAV bei ihrer Arbeit unterstützen.

82. Kann die JAV ihre Rechte gegenüber dem Arbeitgeber durchsetzen, wenn der Betriebsrat untätig bleibt?

Nein, wenn der Betriebsrat untätig bleibt, kann die JAV ihre Rechte nicht am Betriebsrat vorbei gegenüber dem Arbeitgeber durchsetzen. Die JAV hat keine spezifischen, eigenständigen Mitbestimmungsrechte gegenüber dem Arbeitgeber. Die JAV ist betriebsverfassungsrechtlich kein eigenständiger Repräsentant der jugendlichen Arbeitnehmer, sondern eine Interessenvertretung gegenüber dem Betriebsrat.

83. Welche Streitigkeiten können zwischen JAV, Betriebsrat und Arbeitgeber auftreten?

Streitpunkte zwischen diesen drei Parteien der Betriebsverfassung können beispielsweise entstehen, wenn der Arbeitgeber Beschlüsse des Betriebsrats und der JAV nicht umsetzt oder Rechte der JAV nicht beachtet. Es kann aber auch vorkommen, dass der Betriebsrat die Rechte der JAV missachtet, wenn er beispielsweise seiner Informations- und Unterrichtungspflicht nach § 70 Abs. 2 BetrVG nicht nachkommt, die JAV nicht zu Betriebsratssitzungen lädt oder Themen der JAV entgegen § 67 Abs. 3 S. 1 BetrVG nicht auf die Tagesordnung nimmt. Auch die JAV kann die Rechte des Betriebsrats missachten, indem sie zB den Betriebsrat nicht zu ihren Sitzungen lädt.

84. Welche Rechte der JAV sind vor Gericht gegen den Arbeitgeber durchsetzbar?

Die JAV kann zum einen die Rechte durchsetzen, die sie selbst als Gremium betreffend, wie zB den Anspruch auf Teilnahme an Schulungen oder die Zurverfügungstellung von Sachmitteln. Zum anderen können die Rechte der JAV nach § 70 BetrVG und die Durchführung von JA-Versammlungen gerichtlich durchgesetzt werden.

85. Was kann die JAV tun, wenn der Arbeitgeber zB keine Sachmittel zur Verfügung stellt?

Wenn der Arbeitgeber keine Sachmittel wie Büro, Telekommunikationsmittel oder Literatur zur Verfügung stellt, muss der Anspruch der JAV durch einen Antrag beim Arbeitsgericht durchgesetzt werden. Für die Durchführung eines arbeitsgerichtlichen Verfahrens ist sowohl ein Beschluss der JAV als auch des Betriebsrats notwendig.

86. Warum kann die JAV nicht ohne den Betriebsrat ein Verfahren beim Arbeitsgericht einleiten?

Die JAV ist betriebsverfassungsrechtlich kein eigenständiger Repräsentant der jugendlichen Arbeitnehmer, sondern eine Interessenvertretung gegenüber dem Betriebsrat. Sie kann deshalb nur im Zusammenwirken mit dem Betriebsrat ihre Rechte gegenüber dem Arbeitgeber beim Arbeitsgericht durchsetzen. Dies folgt aus dem Umstand, dass die JAV auch keine Beschlüsse fassen kann, die direkt gegenüber dem Arbeitgeber wirken. Nur der Betriebsrat kann für die JAV ein Gerichtsverfahren gegen den Arbeitgeber einleiten.

87. Ist die JAV bei einem Gerichtsverfahren, bei dem es um ihre Rechte geht, gar nicht dabei?

In arbeitsgerichtlichen Beschlussverfahren werden die Parteien des Prozesses als Beteiligte bezeichnet. Um Partei des Prozesses sein zu können, muss eine sog. **Beteiligtenfähigkeit** vorliegen. In Rechtsstreitigkeiten, die Auswirkungen auf die Rechte und Pflichten der JAV haben, muss die JAV aber beteiligt werden. Sie kann daher Partei des Beschlussverfahrens sein und ist somit vor dem Arbeitsgericht beteiligtenfähig. Sie nimmt also an Gerichtverfahren teil.

Hiervon abzugrenzen ist die sog. **Prozessfähigkeit**. Eine Partei ist prozessfähig, wenn sie das Beschlussverfahren selbst führen, Erklärungen abgeben und Anträge stellen kann. Die Prozessfähigkeit zeichnet zudem aus, dass sich die Prozesspartei durch einen selbst bestellten Vertreter (zB einen Rechtsanwalt) vertreten lassen kann. Bis auf vereinzelte Ausnahmen ist einhellige Meinung, dass die JAV in Beschlussverfahren nicht prozessfähig ist. Sie kann also nicht eigenständig Anträge im Beschlussverfahren stellen. Die gilt insbesondere bei Verfahren, die der Betriebsrat für die JAV gegen den Arbeitgeber führt.

88. Wie können die Mitwirkungsrechte der JAV gegenüber dem Betriebsrat durchgesetzt werden?

Wenn die JAV eigene Rechte gegenüber dem Betriebsrat geltend macht, dann ist streitig, ob die JAV ein arbeitsgerichtliches Beschlussverfahren aus eigenem Recht einleiten kann und somit im Verfahren ausnahmsweise prozessfähig und antragsbefugt ist. Diese Frage wird wohl überwiegend bejaht. Jedoch wird der JAV kein Recht auf eine eigenständige Beauftragung eines Rechtsbeistandes zugestanden, was die Durchführung des gerichtlichen Verfahrens erheblich erschwert. In 2. Instanz beim Landesarbeitsgericht ist zudem eine Prozessvertretung zwingend erforderlich, so dass hier eine Fortführung des Verfahrens ohne Beauftragungsbeschluss des Betriebsrats unmöglich wird.

Praxistipp

Bei Streitigkeiten zwischen Betriebsrat und JAV sollte stets die außergerichtliche Lösung, ggf. unter Beteiligung eines gewerkschaftlichen Vertreters oder externen Mediators gesucht werden. Der Betriebsrat sollte sich immer vor Augen führen, dass die JAV ohne ihn nahezu handlungsunfähig ist und er durch Nichtbeachtung oder Untätigkeit nicht nur die Position der JAV, sondern insgesamt der Arbeitnehmerinteressenvertretung gegenüber dem Arbeitgeber schwächt. Zudem führt eine Blockadehaltung dazu, dass Engagement und Motivation bei den JAV-Mitgliedern auch für spätere Arbeit im Betriebsrat abnehmen.

89. Wer vertritt die JAV vor dem Arbeitsgericht?

Aufgrund der Beteiligtenfähigkeit hat die JAV ein Teilnahmerecht in den sie betreffenden arbeitsgerichtlichen Beschlussverfahren. Daher muss das JAV-Gremium bei Gerichtsterminen vertreten werden. Die JAV wird im Rahmen ihrer Beschlüsse von ihrem Vorsitzenden auch vor Gericht vertreten. Hierbei müssen die Erklärungen, die der Vorsitzende abgibt, von den Inhalten der Beschlüsse gedeckt sein. Er darf keine eigene Entscheidung treffen, die nicht durch einen Beschluss des JAV-Gremiums legitimiert ist.

90. Kann die JAV einen eigenen Rechtsanwalt für die Vertretung bei Gericht beauftragen?

Es herrscht keine Einigkeit über die Frage, ob die JAV neben dem Betriebsrat einen weiteren Rechtsanwalt beauftragen darf. Da auch die JAV verpflichtet ist, die (finanziellen) Ressourcen des Arbeitgebers zu schonen und der Arbeitgeber nur die erforderlichen Kosten der Arbeit der JAV zu tragen hat, ist diese Frage bei gerichtlichen Verfahren gegen den Arbeitgeber zu verneinen. Da die JAV keine eigenen prozessualen Anträge stellen kann und somit entsprechend auf die Anträge und Prozesshandlungen des Betriebsrats angewiesen ist, wird eine eigenständige rechtliche Vertretung der JAV als nicht erforderlich angesehen.

Muster

Muster 1: Checkliste Wahlausschreiben

Nach § 3 der Wahlordnung muss das Wahlausschreiben unter anderem folgende Punkte enthalten:

- Datum des Erlasses
- Bestimmung des Orts, an dem die Wählerliste und die Wahlordnung ausliegen
- Hinweis darauf, dass das Wählerverzeichnis Grundlage für die Ausübung des Wahlrechts ist
- Hinweis, dass Einsprüche gegen das Verzeichnis innerhalb von zwei Wochen schriftlich beim Wahlvorstand geltend gemacht werden müssen
- Anzahl der zu wählenden JAV-Mitglieder
- Hinweis, dass Wahlvorschläge innerhalb von 2 Wochen beim Wahlvorstand eingegangen sein müssen
- Hinweis, wann und wo die Wahl stattfindet

Muster 2: Verlangen der Übernahme nach Abschluss der Ausbildung gemäß § 78a BetrVG

An die Geschäftsleitung (im Hause)

Weiterbeschäftigung gemäß § 78a BetrVG nach Beendigung meiner Ausbildung

Sehr geehrte Damen und Herren,

seit dem ...... absolviere ich in unserem Unternehmen eine Ausbildung als Fachkraft für Lagerlogistik, die ich voraussichtlich am ...... mit erfolgreichem Abschluss meiner praktischen Abschlussprüfung beenden werde.

Ich gehöre seit dem ...... der betrieblichen Jugend- und Auszubildendenvertretung als ordentlich gewähltes Mitglied an. Nunmehr sind es keine drei Monate mehr, bis mein Ausbildungsverhältnis voraussichtlich durch meine bestandene Abschlussprüfung endet. Sie haben es bis zum heutigen Tage unterlassen, mir mitzuteilen, ob ich in ein Arbeitsverhältnis auf unbestimmte Zeit übernommen werde. Bitte teilen Sie mir nun mit, ob unter der Voraussetzung einer bestandenen Abschlussprüfung mein Ausbildungsverhältnis in ein unbefristetes Arbeitsverhältnis umgewandelt wird.

Hiermit stelle ich formell den Antrag zur Weiterbeschäftigung gemäß § 78a Abs. 2 BetrVG als Fachkraft für Lagerlogistik. Ich erkläre mich hilfsweise auch bereit, ein anderes zumutbares Arbeitsplatzangebot anzunehmen, sofern aus mir nicht erkennbaren Gründen kein meiner Ausbildung entsprechender freier Arbeitsplatz zu besetzen ist.

Für ein persönliches Gespräch zur Klärung der Einzelheiten des neuen Arbeitsvertrages stehe ich jederzeit gerne zur Verfügung. Sofern noch Fragen bestehen, wenden Sie sich gerne an mich.

Es ist mein außordentliches Interesse, in diesem Unternehmen weiterhin tätig sein zu dürfen, da ich die unterstützende Begleitung während meiner Ausbildung sehr schätze und Ihnen auch hierfür nochmals recht herzlich danken will. Ich hoffe daher, dass wir etwaige Unklarheiten zur beiderseitigen Zufriedenheit klären können.

Mit freundlichen Grüßen

____

Unterschrift Arbeitnehmer

Muster 3: Antrag auf Ergänzung der Tagesordnung für die Betriebsratssitzung gemäß § 67 Abs. 3 S. 1 BetrVG

Jugend- und Auszubildendenvertretung der ......

(Firmenbezeichnung, Adresse)

An den Betriebsrat der ...... (Firmenbezeichnung)

Herr/Frau ...... (im Hause)

Liebe KollegInnen,

in unserer Sitzung vom ...... haben wir beschlossen, beim Betriebsrat gem. § 67 Abs. 3 BetrVG zu beantragen, das Thema „Einhalten der Vorschriften des Jugendarbeitsschutzgesetzes" auf die Tagesordnung der nächsten Betriebsratssitzung am ...... zu setzen. In den letzten Tagen und Wochen gab es vermehrt Beschwerden von jugendlichen ArbeitnehmerInnen über Verstöße des Arbeitgebers gegen die Vorgaben des Jugendarbeitsschutzgesetzes. Deshalb halten wir die Behandlung dieses Themas durch den Betriebsrat für dringend erforderlich.

Mit freundlichen Grüßen

____

Unterschrift Vorsitzende(r) JAV

Muster 4: Aussetzungsbeschluss

Jugend- und Auszubildendenvertretung der

(Firmenbezeichnung, Adresse)

An den Betriebsrat der (Firmenbezeichnung)

Herr/Frau ...... (im Hause)

Antrag auf Aussetzung des Betriebsratsbeschlusses zur Versetzung des Ausbilders/der Ausbilderin ......

Liebe KollegInnen,

die Jugend- und Auszubildendenvertretung beantragt die Aussetzung des Beschlusses des Betriebsrats zur Versetzung von ......, dem/der vorgeworfen wird, die Interessen der Jugendlichen und Auszubildenden nicht zu berücksichtigen und die Ausbildungsinhalte nicht in ausreichendem Maße zu vermitteln. Unserer Auffassung nach trifft dies nicht zu. ...... berücksichtigt die Ausbildungsinhalte und die Interessen, anders als im Beschluss festgestellt, in besonderem Maße (hier sollte eine detaillierte Begründung erfolgen, warum die JAV dies anders sieht). Wir haben gerade das Ziel, die Ausbildung zu verbessern und nicht zu verschlechtern. Daher beantragen wir den Beschluss auszusetzen und die Entscheidung zu überdenken.

Mit freundlichen Grüßen

____

Unterschrift Vorsitzende(r) JAV

Muster 5: Einladung des Betriebsrats durch die JAV

Jugend- und Auszubildendenvertretung der

(Firmenbezeichnung, Adresse)

An den Betriebsrat der (Firmenbezeichnung)

Herr/Frau ...... (im Hause)

Jugend – und Auszubildendenversammlung

Liebe KollegInnen,

die Jugend- und Auszubildendenvertretung plant eine Jugend- und Auszubildendenversammlung am

...... (Wochentag), den ...... (Datum) um ...... Uhr in ...... (Ort) abzuhalten.

Als Tagesordnung ist vorgesehen:

1. Eröffnung und Begrüßung
2. Tätigkeitsbericht der Jugend- und Auszubildendenvertretung
3. Aussprache
4. Bericht der Geschäftsführung zu JAV-spezifischen Themen
5. Aussprache
6. Bericht eines Gewerkschaftsbeauftragten
7. Zusammenarbeit mit den Ausbildern im Betrieb
8. Geschlechtergleichstellung
9. Anfragen und Verschiedenes
10. Schlusswort

Wir bitten um Eure Zustimmung und laden zugleich herzlich die/den Betriebsratsvorsitzende/n oder ein beauftragtes Betriebsratsmitglied zur Teilnahme an der Jugend- und Auszubildendenversammlung ein. Zudem werden wir – Eure Zustimmung vorausgesetzt – ein/e VertreterIn (ggf. auch konkreten Namen nennen) der Gewerkschaft (Name) und ein/e VertreterIn des Arbeitgebers einladen.

Mit freundlichen Grüßen

____

Unterschrift Vorsitzende(r) JAV